漢中路站
海寧路
烏鎮路
塘沽路
七浦路
福建北路
虹口區
四川北路
祥德路
32
良友飯店
南蘇州路
大田路
成都北路
新閘路站
新昌路
南北高架路
天潼路
北蘇州路
南蘇州路
石門二路
新閘路
泰興路
西藏中路
北京東路
北京西路
四川中路
70
71
如意酒家
友誼商店
上海大廈
黃浦路
33
海鷗飯店
人民英雄紀念塔
上海黃浦旅遊購物商場
69
68
陳毅廣場
和平飯店
南京飯店
河南中路
江西中路
廣西北路
福建中路
天津路
東亞飯店
74
國際飯店
鳳陽路
電影院
外灘觀光隧道
南京東路
河南中路站
海侖賓館
九江路
上海城市規劃展示館
石門一路站
44
廣電大廈
青海路
人民公園
市政府
人民廣場站
75
外灘
72
黃浦區
67
小菲鑑餐室
漢口路
老正興菜館
福州路
新城飯店
66
龍鎮酒家
海港賓館
四季酒店
45
石門一路
茂名北路
人民廣場站
上海大劇院
王保和酒家
吳宮大酒店
大都市酒店
廣東路
Mon the Bund
東風飯店
65
武勝路
人民廣場
上海博物館
自然博物館
73
雲南南路
延安東路
蘭心戲院
新錦江大酒店
錦江飯店
延安東路立交橋
延安高架橋
金陵西路
錦江青年會賓館
小紹興酒家
金陵東路
人民路
福佑路
Pegasus
東台古玩市場
西藏南路
黃陂南路站
淮海公園
淮海中路
瑞金一路
沉香閣
上海老飯店
豫園
大境閣
綠波廊酒樓
城隍廟
新天地
太倉路
中共一大會址
透明思考
Va Bene
樂美頌
Che
T8
濟南路
36
皋蘭路
思南路
阿香堤
復興公園
California Park 97
香山路
35
孫中山故居
自忠路
順昌路
老西門
方濱中路
上海老街
31
39
瑞金賓館
34
周公館
38
瑞金二路
37
上海第二醫科大學
復興中路
復興東路
南北高架橋
合肥路
淡水路
盧灣區
建國東路
建國中路
永年路
中華路
文廟路
蓬萊路
河南南路
光啟南路
綠苑大酒店
東街
復興東路
白渡路
毛家路
喬家路
俞家路
黃家路
巡道街
中華路
王家碼頭路
紫霞路
Mei
康泰路
徐家匯路
魯班路
局門路
製造局路
江陽街
陸家濱路
麗園路
打浦路
瑞金南路
蒙自路
南車站路
斜土東路
西藏南路
蓬萊公園
瀏灣商廈
董家渡
中山南路
圖例
鐵路
隧道
河流
高架路及匝道
外環線
主要道路
一般道路
商店街
地鐵及車站
渡輪線
博物館
商店
酒吧
百貨公司
銀行
機場
餐廳
學校
醫院
景點
渡船口
飯店
大樓
劇院
火車站
巴士站
郵局
速食店
茶館
咖啡館
寺廟

上海近代簡史事記

（上海最早於1292年設縣）

1840年　第一次鴉片戰爭爆發。

1842年　中英《江寧條約》中，上海被定為通商五口岸之一。

1843年　上海正式開放為通商口岸。英國首任駐滬領事巴富爾與上海道台（相當於市長）交涉劃定外國人居留地界址問題。

1844年　怡和、仁記、衛斯、巴地、寶順等11家洋行在外灘劃地建房。

1845年　上海道台官慕久公布《上海租地章程》，英租界設立。

1848年　法國第一任駐滬領事敏體尼抵滬。

1849年　法租界成立。

1850年　外僑在上海闢建第一個跑馬場，並舉行第一次跑馬。

1854年　英租界（後稱公共租界）的市政管理機關工部局成立，外僑在西藏東路購地，建第二個跑馬場。

1855年　「蘇州河橋」於12月動工，次年10月竣工，後稱「外擺渡橋」（即現在的外灘外白渡橋）。

1860年　美國人華爾雇募呂宋（即今菲律賓群島中的呂宋島）人百名，組建「洋槍隊」，對付太平軍。

1862年　美商旗昌輪船公司成立。

法租界設立市政機關「大法國籌防公局」，後改稱法租界公董局。

1864年　在華發行最廣、時間最長、最有影響的英文報紙《字林西報》在滬出版。

1865年　英商匯豐銀行上海分行開業。

清政府最大規模的新式軍工企業江南製造總局成立，大英自來火房製成煤氣燈，12月18日在南京路點燃第一盞煤氣路燈。

1868年　外灘公家花園（即今黃浦公園）建成開放。

1870年　英國領事館（現外灘33號）大火，原建築被毀。

1871年　日本國在滬設立領事館。

1872年　英商太古輪船公司成立。

由英國商人美查等人出資創辦的《申報》出版。

中國首批官費留美學生詹天佑等30人從上海登輪赴美。

1873年　晚清大型官商企業輪船招商成立。

1878年　中國海關發行郵票，俗稱「海關大龍票」。

1879年　聖約翰書院（後改稱聖約翰大學）創辦。

1881年　英商建上海自來水公司水廠。

1882年　徐家匯天文台正式向上海各報發送中國沿海氣象預報，公共租界內開始使用電燈。

1885年　日本三井洋行在滬創立。

1895年　康有為在上海創辦強學會。

1896年　清廷在上海設立中國海關郵政司。

1897年　商務印書館在滬創立。

中國第一家銀行在滬創立。

1900年　中國北方興起義和團運動，上海道余聯沅、盛宣懷與各國領事設定《東南保護約款》，形成東南互保格局。

1904年　《東方雜誌》創刊。

1908年　滬寧鐵河通車。

1909年　滬杭鐵河通車。

3
曹家渡
高榮新村
靜安區
徐匯區
中山公園
中山公園站
江蘇路站
靜安寺站
常熟路站
衡山路站
徐家匯站
地鐵二號線
地鐵一號線
華東政法學院
長寧區
靜安寺
靜安公園
上海戲劇學院
百樂門大酒店
靜安希爾頓飯店
延安飯店
上海賓館
靜安賓館
集雅軒珠寶古玩商行
友誼華僑古玩商店
錦江迪生商廈
大公館
東湖賓館
襄陽公園
襄陽市場
上海音樂學院
丁香花園
興國賓館
棉花俱樂部
天泰
O'malley's
喬治五世
薩莎
寶萊納
Lapis Lazuli
樂加爾慧
宋慶齡故居
富豪環球東亞酒店
衡山賓館
上海交通大學
新路達商廈
港匯廣場
東方商廈
徐家匯
西亞大酒店
海上阿叔
復旦大學醫學院
好望角大飯店
上海銀星皇冠酒店
Goya
萬寶大酒店
波特曼麗嘉酒店
Irenes Thai
錦滄文華大酒店
城市酒
花園飯店
巴黎春
Blue&Jazz
Budda Bar
Judys Too

上海洋樓散步地圖
北翟路
真北路
丹巴路
大渡河路
華東師範大學
長風公園
金鐘路
天山西路
光復西路
萬航度
北新涇
長寧路
周家橋
福泉路
平塘路
劍河路
新漁路
天山路
泉口路
北虹路
古北路
甘溪路
茅台路
仙霞賓館
玉屏賓館
仙霞西路
武夷路
美蓉江路
上海對外貿易學院
威寧路
遵義路
虹橋國際機場
金濱路
劍河路
虹古路
長寧區
延安
內環延安西路立交橋
程家橋
水城路
云峰賓館
威斯汀太平洋大飯店
楊子江大酒店
凱旋路
哈密路
上海動物園
虹橋路
劉海粟美術館
新華路
虹橋經濟技術開發區
新苑賓館
乾門西餐音樂酒吧
古北新區
古北路
東華大學
日航龍柏飯店
水城南路
廣播大廈
延安西路
延安高架橋
中山西路
虹中路
虹梅路
虹許路
姚虹西路
環西一大道
黃樺路
虹井路
古羊路
宋慶齡墓園
天香樓
紅松路
宋園路
虹橋
蘭竹路
虹橋高爾夫球場
張虹路
地鐵3號線明珠線
青杉路
紫藤路
吳中路
天馬大酒店
蓮花路

1911年　武昌起義（辛亥革命）後，上海光復，孫中山先生從海外回上海。

1912年　原大清銀行改為中國銀行，在上海正式開業。

1914年　陳獨秀主編《青年雜誌》在上海創刊，之後改為《新青年》。

1919年　孫中山改組中華革命黨為中國國民黨，黨本部仍設上海。

1920年　上海證券物品交易所創立。

1921年　中國共產黨在滬創立。

1924年　9月3日江浙戰爭爆發，10月13日結束。

1925年　「五卅慘案」發生。

1926年　上海首次舉辦萬國運動會，有八個國家135人參加。

1927年　北伐軍到達上海，上海成立特別市、市政府，12月1日，蔣介石與宋美齡在上海舉行婚禮。

1929年　中國首架自製飛機「教練機成功第一號」在滬試飛合格。中國佛教會在滬成立。

1932年　「一・二八」淞滬戰役爆發。

1937年　「八・一三」淞滬會戰爆發。11月5日，日軍在金山衛登陸。11月11日，上海淪陷。

1939年　9月15日，汪偽國民黨上海市黨部成立。

1940年　12月8日，太平洋戰爭爆發，日本人占領上海公共租界。

1943年　汪精衛偽政府收回租界。

1945年　8月15日，日本宣布無條件投降。

1949年　5月27日，上海市軍事管制委員會成立。（上海易幟）

百年系列

洋樓滄桑

上海的舊時王謝
上海的歷史與人文

宋路霞◎著　陸輝．宋路平◎攝影

大繕

〈序言〉

道不盡的滄桑

每一個大城市都是一部大書，人多，房多，說不盡，道不完。五方雜處、華洋雜居、一市三治（指華界、英租界、法租界，三個行政區在一個城市裡）、藏龍臥虎的老上海，於人多、房多、事多中，更突顯名人多、聞人多、奇人多、洋樓多、名居多、要事多、趣事多、怪事多的特點。假如你徜徉在衡山路、永嘉路、復興路的梧桐樹下，漫步在徐匯區、盧灣區、靜安區的花園洋房中，不經意間，碰上三個五個轟傳海內的名人故居，踩過十個八個來自五洲四海的名人足跡，聽到一樁兩樁聞所未聞的奇聞軼事，千萬不要大驚小怪或歡呼雀躍。這就是上海之所以為上海的地方。

本書向你敘說的，就是發生在老上海洋樓名居中的名人、聞人、奇人的要事、趣事、怪事，裡面有波譎雲詭的政治風雲，有爾虞我詐的商場較量，有纏綿悱惻的愛情故事，也有悲歡離合的人生軌跡。裡面有你熟悉的李鴻章、盛宣懷、張學良、汪精衛，也有你不一定熟悉的嘉道理、周宗良、盛七小姐、邱家兄弟。洋樓或巍峨挺拔，或小巧玲瓏，故事或雄壯，或悲涼，或風趣，或哀婉，但都很動人。

特別要提醒讀者的是，本書敘說的故事，不是小說，不是戲說，不是電影電視，不是街談巷議，而是真實存在的歷史。作者於浩如煙海的資料中，爬梳剔抉，整理歸納，去粗取精，去偽存真。特別難能可貴的是，作者根據歷史人物、歷史事件的遺址、遺物、後裔，依循蛛絲馬跡，沿波討源，索隱探微，作了大量的實地訪談，挖掘出許多鮮為人知的生動資料，為再現歷史作出了重要貢獻。

作者宋路霞，原為編輯，後來鍾情於歷史，副業正做，一頭栽進上海名人歷史研究中。我是先讀其書，後識其人，交往之後，發現她確是難得的史學人才，讀書多，記性好，悟性高，文采飛揚。她對於上海名人歷史的研究，近於癡迷，夙興夜寐，不避風雨，查資料，作訪問，足跡遍及上海老城區各大街小巷，為了獲取第一手資料，甚至東飛日本，南下香港。她腿快，手快，筆頭快，幾年時間，在她的名下，已經排出一長串書名：《上海洋樓》、《上海的豪門舊夢》、《百年家族——盛宣懷》、《百年收藏》、《洋樓滄桑》……。一講起名人歷史，諸如李鴻章後代、宋美齡舊友、壽州孫家、南潯劉家，名門巨族間的關係網，高牆深院內的風流事，她就眉飛色舞，口講指劃，滔滔不絕，物我兩忘。孔子說：「知之者不如好之者，好之者不如樂之者。」樂之境界，宋路霞庶幾近之。

斗轉星移，物是人非。上海政權更替已經五十多年了，本書述及的許多洋樓還屹立在上海街頭，屬於受保護的重點文物，建築學家、博物學家可能很容易地指出其建築之風格、材料之特點、設計之工拙，但是，對於洋樓主人的身世，對於曾經發生在洋樓裡的故事，隨著時光的流逝，知道的人越來越少了。從這個意義上可以說，讀物質之樓易，讀人文之樓難。也正是在這個意義上，本書有不可替代的獨特價值。

《上海洋樓滄桑》繁體字版書成，宋路霞索序於我。我感於其事可信，其文可讀，其書可貴，其志可嘉，故樂而序之。

熊月之　於上海社會科學院歷史研究所

2003年4月16日

（作者為上海社會科學院歷史研究所所長、博士生導師，《上海通史》主編）

繁花上海：洋樓的輝煌與滄桑（原書名：上海洋樓滄桑）

【目錄】全書總頁數320頁

〈序言〉道不盡的滄桑　熊月之

〈洋樓散步地圖〉

〈上海近代簡史事記〉

I 徐匯漫步

01 怡和洋行潘家愛開洋派對 011
02 張元濟上方花園校古書 014
03 榮鴻元在中國的最後豪宅 018
04 百年名園：盛宣懷舊居 020
05 邵洵美「外國弄堂」的異國情 026
06 蔣經國上海打虎住逸偒 029
07 宋慶齡在這裡接待各國元首 031
08 猶太人俱樂部裡聽宣判 033
09 丁貴堂二進稅務司公館 035
10 「白宮」：法租界總董官邸 037
11 梁鴻志的「33宋」與白公館 043
12 正廣和老屋裡的風雲人物 048
13 疑竇叢生的小樓：唐紹儀舊居 051
14 風雨不斷的周作民舊居 056
15 巨龍盤繞的丁香花園 058

16 郭棣活兩次慷慨捐豪宅 064
17 吳國楨在大陸的最後官邸 066
18 樹大招風的孫家花園 068
19 誕生三個集郵家的周家花園 070
20 孔祥熙舊居裡的陰謀與愛情 072
21 馬歇爾公館的「神秘人物」 074
22 宋子文舊宅的「怪病」之客 076
23 巨樟掩映的周宗良舊居 078
24 宋美齡用心呵護的「愛廬」 085
25 50年代首富榮德生的花園 090
26 周佛海舊居是非多 095
27 五四上海學運領袖何世楨舊居 097
28 興國路旁的老外豪宅 099
29 蔣冬榮飛機樓裡整「貪官」 101
30 迎接過無數珍寶的老房子 103
31 並蒂的蓮花：徐家匯天主堂 105

II 虹口・盧灣往事

32 漢奸市長葬身處：傅筱庵公館 113
33 軍艦式建築：俄羅斯領事館 116
34 董必武智定「周公館」 120
35 記錄偉人足跡的中山故居 123
36 孕育西安事變的張學良舊居 126
37 家有教堂的朱公館 131

38 跑馬賺來的馬立斯花園 133
39 三井花園停放鄧小平夫人棺材 137
40 藏匿法國「裸女」的花園飯店 139

III 靜安・長寧舊夢

41 湯恩伯蒲園囚恩師陳儀 145
42 藏寶之地：寶禮堂 147
43 胡適在大陸的最後居所 152
44 博物館般的周湘雲故居 156
45 有蛇有虎的邱家花園 162
46 影響半個中國的宋家花園 168
47 冒險家的花園：馬勒舊居 176
48 暗藏金庫的劉家花園 182
49 蔡元培故居裡的「孑民圖書館」 187
50 大理石大廈：嘉道理花園 191
51 最豪華的舞廳：百樂門 196
52 漢冶萍俱樂部裡的孫寶琦葬禮 201
53 朱家花園32個朱小開 206
54 劊子手的營地：汪偽「76號」 208
55 朱老總叫出名的「怪屋」 214
56 沙遜為羅根花園打官司 216
57 天價別墅的前後兩位主人 218
58 孫伯群范園拜「老頭子」 221
59 用皇帝印璽壓鹹菜的葉家 223

60 李銘敬告老蔣「取蛋必先養雞」 225
61 冤案不斷的汪偽魔窟 227
62 嚴慶祥舊居「神仙」聚會 232
63 陳公博居家神秘客人多 237
64 陳納德和陳香梅的蜜月小屋 239

IV 黃浦風雲

65 外灘1號：亞細亞火油公司大樓 244
66 「水線之戰」：大北電報公司 251
67 外灘「大哥大」匯豐銀行 255
68 被洋人削去17層的中國銀行大樓 261
69 洋行之王：怡和洋行大樓 268
70 「外煙」大本營：英美煙公司大樓 275
71 收藏家辦的中國實業銀行 280
72 「金的城，銀的行」：金城銀行 288
73 寶塔「鎮邪」的大世界遊樂場 294
74 百貨之王：大新公司大樓 300
75 百年賭窟：跑馬廳大廈 304

〈代跋〉在上海「遊」洋樓 311

I 徐匯漫步

01 怡和洋行總買辦潘澄波舊居

怡和洋行潘家愛開洋派對

徐匯區淮海中路1131號（現由達．芬奇進口家具公司租用）

上海音樂學院近些年來破牆開店，在靠淮海中路的一側有一幢豪華的洋樓，屋頂「長」滿了尖尖角，現在租給一家公司開設進口家具和燈飾店，旁邊又分出一間開設達．芬奇（達文西）咖啡館，出售的都是洋玩藝兒。這倒和這房子原來的趣味相吻合了，因為此房的主人原是英國人設在中國的最大的洋行、有「洋行之王」之稱的怡和洋行總買辦潘澄波，房子造得洋味十足，倒也符合他的身

潘家小樓遠眺。

（左上）內景一角。
（中）東側樓梯。
（左下）潘家花園主人潘澄波。

份。

潘澄波是廣東新會人，生於澳門，原在廣東怡和打工。怡和遷入上海後跟來上海，後升為總買辦。

他有4個兒子：潘志銓、潘志賢、潘志衡、潘志傑，他們從小在外國學校讀書，讀大學時不是讀聖約翰、香港大學就是赴歐美留學，以至於家庭生活也洋味十足，幾乎不會說中國話了。他們的休閒活動也是玩洋玩藝兒，如騎馬、打網球、打高爾夫球，每個週末還在花園裡開派對。他們的派對自然會有洋人參加，但也有不少中國朋友，當然都是闊少，如劉鴻生的幾個兒子、李鴻章的曾侄孫李家瓛、孫家鼐的曾侄孫孫曜東、孫沂方兄弟等等，大家不是親朋友好即是大學同學，講話全用英語，所以這個有名的中國人家裡的派對，倒像正宗的外國派對了。

潘家四兄弟後來事業上各自有成，老大潘志銓1914年進怡和當買辦，其父告退後由他繼任怡和總買辦，直至1941年太平洋戰爭爆發。老二潘志賢美國密西根大學及愛荷華大學獲工商碩士學位後，回國開辦了一系列企

潘澄波舊居。

業，其中著名的有同濟機織印染股份公司，生產富樂色布、紗、府綢，市場上極風行。老三潘志衡是房地產開發商，又是奧林匹克電影院的老闆。解放（1949年）前他們從上海消失了，房子都歸國家管了。

02 商務印書館董事長張元濟舊居

張元濟上方花園校古書

徐匯區淮海中路1285弄24號（現為花園式住宅小區）

年輕時代的張元濟。

張元濟先生是解放前中國最大的出版機構商務印書館的董事長，著名的出版家、教育家和社會活動家。他是浙江海鹽人，在清末由科舉入仕，曾任刑部主事、總理各國事務衙門章京，後因辦《時務報》，參加戊戌變法被清廷革職，宣佈永不敘用，於是來到上海，走上教育和實業救國之路。1903年，他進商務印書館，先後出任商務印書館編譯所所長、經理、監理、董事長，創辦了近百年，在中國歷史上有重要影響的《東方雜誌》、《教育雜誌》、《小說月報》，規劃出版了現代出版史上有里程碑意義的《辭源》、《中國人名大辭典》、《中國地名大辭典》和《四部叢刊》（影印本）、百衲本《二十四史》，標誌了中國近代出版業的最高成就。他的最後20年，在淮海中路上方花園24號中度過。他在這幢小樓裡做了許多重要的工作。

那時已是抗戰爆發之後。由於商務印書館兩次遭到奉行帝國主義的日本轟炸，損失甚鉅，張元濟自己的經濟狀況也每況愈下，不得不賣掉自己的汽車和位於極司非爾路（現萬航渡路）40號住了25年的花園洋房，搬進淮海中路上方花園。上方花園是連體式的新式里弄住宅，在上海灘很有名，住戶多為高級知識份子、銀行、商行經理和工商業主。遷入新居後，首先讓張元濟忙碌的，是一部抗戰中流入市肆的稀世古籍《脈望館鈔校本古今雜劇》。

光復一座名城

這部古籍，早在明朝時是常熟藏書家趙琦美的脈望館藏書，後來輾轉於江南錢謙益的絳雲樓和錢曾的也是園；入清朝以後又經季滄葦、黃丕烈等大藏書家收藏，最後歸入丁祖蔭之手。這部書是明代藏書家趙琦美手抄和手校的，有340種元代、明代的雜劇，雖然後來只剩下242種，其中仍保留了不少海內孤本。無怪乎丁氏得書之後，深藏密鎖了數十年，連他的親戚、摯友都不知道。直到抗戰爆發，江南一帶相繼淪陷，人都朝不保夕，丁家的藏書才流散出來了。鄭振鐸稱這部書的發現「幾乎與光復一座名城無殊！」其重要性，僅次於敦煌藏經洞和西陲漢簡的發現，因而學術界轟動一時。後經鄭振鐸往返奔波，以9000元由教育部購下，而張元濟則以1000元之價從書商手裡借來逐頁拍下照片，供商務印書館整理、影印。

那時商務印書館的總管理處已遷至香港，經反覆聯繫、磋商，終於簽訂出版合約。張元濟即以73歲高齡，毅然擔負起此書的校勘、出版工作。1941年秋，也就是上海「孤島」末期，這部更名為《孤本元明雜劇》的稀世珍籍終於影印面世，在蕭條之氣籠罩的上海，初版350部，居然銷售一空。

與此同時，張元濟還在小樓裡從事一項極重要的工作，即為重慶中央圖書館做古籍鑒定工作。由於江南各地相繼淪陷，傳統的藏書世家已十樓九空，大量古書流入上海書市，而美國哈佛燕京學社、日偽的「華北交通公司」，以及大漢奸梁鴻志、陳群等等，都在趁機收書。一些有志之士發出驚呼：「將來總有一天，我們的後代研究中國歷史文化，要跑到外國去研究了！」於是就有了以鄭振鐸、張元濟、張壽鏞等人組成的「文獻保存同志會」，在淪陷區為

（上）張元濟故居門牌。
（右）張元濟故居全景。

中央圖書館搶救古籍，而張元濟在其中負責版本鑒定。他的住宅二樓西間成了工作室，那裡有一張大理石面紅木方桌，是謝太夫人從廣東帶回來的舊物，九・一八之後整整10年，張元濟幾乎天天在這桌邊校勘古籍，書寫信劄，終於趕在太平洋戰爭爆發之前，完成了這項工作。經他鑒定而購下的善本共3800餘種，其中宋元古本300餘種，與當時北京圖書館的善本藏書量幾乎相等。

太平洋戰爭爆發後，日本人進入租界，從此張元濟過著隱居的生活，很少與外界接觸，生活上靠賣字維持。他向裱畫店要了書法家們的潤例為參照，自己制訂潤格分發給榮寶齋等書畫鋪，請他們代售。又函請京津、杭等商務分館代收寫件，結果各地仰其大名，來要字的竟不少。每隔幾天，他就要在大飯桌上鋪上襯墊，拂紙寫上一批，寫件以對聯為主，也有堂幅、屏條，小件有扇面、冊頁。以至於抗戰勝利後，商務印書館的業務逐步恢復正常，香港、新加坡等地仍有人來求字，所以他的賣字生涯一直持續到上海解放。

漢賊不兩立的風骨

關於賣字，他還碰到一個特殊的人物。有一次，一個親戚帶來一個畫卷、一封信和一張面值11萬元的支票，要求張元濟在畫卷上端題寫「葇竹軒聯吟圖」6個字，加上「築隱先生、葇君夫人」落款。就這麼幾個字，原本可一揮而就，為什麼送如此鉅款？張元濟疑惑之中，細看支票，原來是大漢奸傅式悅的印章，原來「築隱」正是他的號。張元濟怒不可遏，即刻表示拒絕。第二天這個親戚再來說合，要求「曲成」，張元濟堅決不從。抗戰勝利後，傅氏終因罪大惡極而被正法。

1945年初秋的一個傍晚，張元濟晚飯後，拖了一把籐椅到臥室外的陽台上乘涼，他看到東邊的一處房子裡燈火通明，樂聲悠揚。想到那兒原是一個葡萄牙人的俱樂部，日軍進入租界後就聲息杳然了。現在突然熱鬧起來，一定又有時局方面的新消息，大概戰爭快結束了。果然幾天後，日本鬼子投降的消息傳來了，他心頭鬱積的陰雲一下子為之消散，他為有生之年居然看到抗戰的勝利而感到由衷興奮。他順手從書櫥中取出自己撰寫的《中華民族的人格》一書，在扉頁上寫道：「一二・八日寇禁售此書，其用意可想而知。願中國人，毋忘此恥。張元濟識民國三十四年九月聯軍在東京灣受降後二日。」

03 中國最大資本家榮家舊居

榮鴻元在中國的最後豪宅

徐匯區淮海中路1649號（現為美國駐滬領事館）

南京西路、陝西北路路口附近，緊挨著景德鎮瓷器店後面的那幢洋房，世人皆知是著名實業家榮宗敬與其子榮鴻元的老房子，解放後曾長期作為民主黨派的辦公地點，後來開過棠柏飯店，陳佩斯與好萊塢名星趙家玲還在裡面拍過《少爺的磨難》電影。近年來這幢老房子翻修留作他用，有關部門在其花園裡挖綠蓋樓，就是現在聳立在陝西北路、威海路路口的民主黨派巨廈。

可是榮鴻元還有一處豪宅世人未必盡知，就是現在淮海中路、烏魯木齊路口的美國駐滬總領事館所在地。這是一處帶有法國文藝復興時期建築風格的大花園洋

榮鴻元在陝西路上的故居舊影。

榮鴻元在大陸最後的老房子，現為美國駐滬領事館。

房，建於1921年，假三層，屋頂為紅色平瓦，北部並列著5只老虎窗，入口處伸出一段雨廊。朝南底層和二層原先都是敞廊，由雙柱支撐，近些年來被安上了鐵窗，反而失去了當年的風韻。

這幢房子原先是法國萬國儲蓄會的房產，從1930年至1945年，租給瑞士駐滬領事館。第二次世界大戰期間由於瑞士是中立國，所以代辦了大量英美僑民的戰時事務。抗戰勝利後瑞士領事館遷往威海路後，財大氣粗的榮家公子榮鴻元把它買了下來。榮鴻元對房子進行了大規模的裝修，費工巨大，可是他沒住多久就離開大陸。

當時國民黨已臨近垮台，為抵制國民黨的金圓券政策和棉花管制政策，榮鴻元與蔣家王朝鬧翻了。1948年下半年，他被警備司令部以私套外匯嫌疑罪給抓了起來，關押 了77天，在整個工商界引起軒然大波，最後以判刑6個月、緩刑兩年終結審理。在這個過程中，榮家為營救他被敲詐了50萬美元。榮鴻元從此對國民黨完全喪失信心。出獄後的第二天，便到香港去了，後來又移往國外，定居巴西，再也沒回過上海。解放初有人寫信揭發，說這是國民黨高官林森的住宅，於是有關部門遂將其沒收了事。

04

百年名園：盛宣懷舊居

徐匯區淮海中路1517號（現為日本領事館總領事官邸）

上海灘最富傳奇的花園

淮海中路1517號日本國駐上海領事館總領事居住的那座大花園洋房，高牆蔽日，電網密布，終年大門緊閉，充滿著神秘色彩。人們即便是乘雙層巴士站在二層上從其旁駛過，也只能透過濃密的老樟樹林，望見其若隱若現的樓頂。這是一百年來上海灘保存最好的大花園洋房之一，也是上海灘最富傳奇的豪門巨邸之一。

這座花園洋房建於1900年，由一位德國商人興建，後來被盛宣懷買下來。盛宣懷是清末洋務派領袖之一，官至郵傳部大臣，他去世後由其子盛老五（盛重頤）繼承，後來，又成了蔣介石的大將陳調元和「北洋之虎」段祺瑞的住宅。抗戰勝利後，盛重頤設法收回房子，不久因生意失敗只得賣給榮德生家族，解放後歸國家使用……半個世紀中進進出出的人物，全是在中國現代史上風雲一時的頭面人物。抗戰中還被日本人占據了幾年，並把偌大的花園「砍」去一半，建造了現在的上海新村。解放初這裡一度作市婦聯和上海市高教局的辦公地點，三年自然災害（指1960至1962年，又稱「三年困難時期」）

（左）彩色玻璃窗。
（右）盛公館舊影。

期間，林彪的妻子葉群在高教局當處長，還曾是這裡的半個主人。1970年代中日建交後成為日本國駐滬領事館，近年來領事館已遷到虹橋開發區，這座花園被整修一新，成為該領事館總領事的住宅。

段祺瑞最後的港灣

1933年，正是日本人侵占中國東北之後，進一步向華北蠶食的嚴重時刻。日本人看中了段祺瑞這個「死而未僵」的「百足之蟲」，透過各種管道拉他下水，要其出任華北地區傀儡政權的頭目。段當時住在天津，無意出任偽職，但又怕得罪了日本人遭遇不測，心裡很不暢快。這時南京政府也生怕段祺瑞落水，對抗日造成不利形勢，所以設法把他拉到南方來。這時蔣介石親自給段寫了一封密信，邀他南下上海住幾年，離開華北這個是非之地。此議正合

辛亥革命後盛宣懷與兒子盛重頤（左）和盛恩頤（右）。

段氏心意，於是1933年春，段祺瑞帶著一家老小幾十口人，在國民黨軍統系統的精心安排下，乘火車離開了天津，蔣介石親自到浦口車站迎接。在浦口渡江時，段祺瑞還不忘乘機為他的老上司李鴻章的後代說情。那時李鴻章的孫子李國傑在招商局因用輪船碼頭作為抵押向外國銀行借款事，觸犯刑律，已被軟禁起來。段對蔣說：「看在老中堂（李鴻章）的面子上，放了他吧。」段與蔣有師生之誼（段曾任保定軍官學堂總辦），蔣介石肯賣他的面子。所以段祺瑞一張口，「侯爺」李國傑就獲釋了。

段祺瑞到上海，就住進了原先盛家的這一處大宅院。這個院子有寬大的草坪和茂密的林木，尤其一棵傘形大塔松，長年蒼翠，頗令人賞心悅目，心氣清朗　還有一處西洋式噴泉，雪白的小天使躍躍欲飛……在北方風雲了大半輩子的段祺瑞本想在此安靜度日，頤養天年，可是樹欲靜而風不止，日本人炮製的陰謀，總不斷地向他襲來。

一天，他當年的心腹老臣，又是同鄉的王揖唐給他發來了一份電報，內容稀奇古怪，措辭閃爍，令段氏好一陣頭痛。電報說：「玉裁詩集（清代文字學家段玉裁，此指段祺瑞），已預約五部，餘詩接洽，再待奉告。王賡。」段祺瑞深知王揖唐，正積極向日本人靠攏，這封電報肯定與北方的時局有關。他在大廳裡轉來轉去，眼前突然一亮，「五部」不就是華北五省嗎？這一定與華北五省的「自治」有關，又是日本人搞的鬼把戲，要他出來主持五省「自治」的局面。王揖唐為避開國民黨軍統的耳目，所以發來一封密碼似的電報。段祺瑞已決計不與日本人糾纏，斷然回王一電，亦用春秋筆法，電文道：「專電轉陳，玉公謂：股東決不同，不約其他方面，切勿接洽。即已預約者，請作罷。」雖然是私人電函來往，但這些頭面人物的活動，尤其在那種時局敏感時期，絕瞞不過精明的新聞記者。

果然報上披露了段祺瑞與王揖唐的交往，對那封古怪的電報，一時「注家」蜂起，又有不少報社記者來院裡探問，院子內外一時車水馬龍，成了「新聞中心」。段氏想，不把事情講清楚是不行的，弄不好自己又有暗通日本人之嫌，於是乾脆把電報交《立報》的記者拿去發表，表明心跡，一場風波才漸漸平息。

1936年10月30日，段祺瑞這位現代中國的風雲人物，在這所靜謐的花園裡告別了人世。其靈柩由其後人以專用列車運往北京，長期停放在碧雲寺，直到1964年，才由他的老部下章士釗先生，為之安葬於北京萬安公墓。

盛老五（盛重頤）痛失愛女

盛重頤是盛宣懷的第五個兒子，世稱盛老五，在他父親去世以後，他分得了這處房產。盛老五辦事持重，在上海做房地產生意，曾將這處房子出租給地方官員，抗戰中被日本人占據，抗戰勝利之後，又被國民黨接收大員作為敵產「接收」了去。盛重頤為此耿耿不平，想方設法要把房子討回來。

儘管盛重頤出具了各種文件證明房子原本是他的，可是國民黨政府認為抗戰中他沒去重慶，在上海的活動又有通敵之嫌，故尋找各種藉口拒不發還。盛氏無奈只好推出他的胞妹盛關頤（圖見本書196頁）這張王牌。因宋靄齡當年曾是盛關頤的家庭教師，而且一直保持了較密切的關係，宋氏姊妹對盛家的事多半是樂意幫忙的。盛關頤找到宋美齡，宋美齡鑒於有關部門已經作出答覆的現實，腦子轉了一個彎說：「盛重頤去住怕是不行，你去住吧，你住進去外界

（左上）盛七小姐盛愛頤。
（左下）盛公館內的壁爐。

不會有意見。」於是憑了宋美齡一句話，房子很快就到手了。其實誰都明白，盛關頤住幾天僅僅是作作樣子的，實際上等於發還盛老五了。

可是天有不測風雲，盛重頤房子發還到手了，大女兒鳴玉不久卻病逝於園中。鳴玉僅僅21歲，亭亭少女卻被病魔吞噬。重頤悲痛不已，命人在園中塑一穿背帶褲的小女孩塑像，以誌紀念，可惜後來這一塑像已不知去向。盛氏一方面因為懷念女兒，不忍觸景生情，另一方面又因抗戰勝利後生意上不順，於解放前夕把房子賣給榮德生家族的榮鴻三了。

七小姐盛愛頤拂袖而去

盛宣懷的第七個女兒盛愛頤是位很有個性的現代女性。其父盛宣懷去世後，他的哥哥盛恩頤（世稱盛老四）繼承了其父漢冶萍公司總經理的職位。其時宋子文剛剛回國，在漢冶萍公司任英文秘書，遂得以時常出入盛府，久而久之，與七小姐相識並相愛。宋子文為七小姐的美麗和高雅的氣質傾倒，主動擔任七小姐的英文教師，並向其描繪大洋彼岸的綺麗風光，盡量顯示他的博學，很快贏得了七小姐的傾心。可是當時兩家地位和環境懸殊太大，七小姐的母親莊夫人硬是不允這門婚事。時值孫中山先生在廣州發動革命，一封封電報急催宋子文南下，宋子文無奈，只得暫與七小姐分手。臨走前他把七小姐和八小姐（盛方頤）約到杭州，手裡拿著3張船票，勸兩位小姐隨他同去參加革命。兩位小姐年紀還輕，平時深居高牆大院，還是媽媽身邊的寶寶，如此跟一個男人出走豈不叫人笑話，所以沒有答應，但七小姐表示，等他革命成功，回滬可成婚，臨走還送他一大把

盛公館大門。

金葉子（金質的樹葉，舊時以此送人，比金元寶更高雅）作為路費。誰知革命成功後，宋子文竟帶了張綠漪夫人來到上海，七小姐為此大病一場，直到32歲，才與他母親娘家的內侄莊鑄九先生結婚。

抗戰勝利後，盛家兄弟姊妹常在重頤的淮海路大宅院裡聚會。有一次七小姐接到重頤電話前去串門，誰知宋子文居然也在場。七小姐見此情景一下子愣住了，方才知道這是預先安排好的「會見」，心中十分不快，只跟他們草草應酬了幾句。大家請她一起共進晚宴，她推說：「不行，我丈夫在等我。」遂拂袖而去，弄得宋子文好生尷尬。也許宋子文想透過這次見面敘敘舊情，表示他內心的歉意，可是七小姐不領這個情，始終沒有給他這個機會。

05 上海文化界名人邵洵美故居

邵洵美「外國弄堂」的異國情

徐匯區淮海中路1754弄17號（現為民居）

淮海中路1754弄是一處非常別致的小區，幾十幢黃色的西班牙風格的連體小樓，組合在一片茂密的樟樹下，樓頂那層層魚鱗般的網狀瓦，線條柔和而清晰。過去，這兒基本上都住外國人，只有兩戶是中國人，一戶是弄堂口的聶家，那是甲午海戰時期的上海道台聶緝槼之孫的住宅，另一戶是17號裡的邵家，即清末曾任台灣巡撫、也當過上海道台的邵友濂的孫子、大詩人邵洵美家。所以人稱這兒叫「外國弄堂」，一到夜晚，微風中總是飄蕩著鋼琴聲和小提琴聲，充滿了異國情調。

小區內9號樓住的是一位美國金髮女郎，是《紐約客》雜誌的特邀撰稿人項美麗小姐（Emily Hahn）。她1935年來上海之前，曾在非洲的土人部落中住了兩年，極喜歡養猴子，是個極具個性和魅力的女中豪傑。她在一次社交場合中跟詩人邵洵美相識後，很快雙雙墜入情網。

（上）年輕時代的項美麗。
（中）邵洵美與盛佩玉結婚照。
（下）邵洵美（1935年）。

項美麗在淮海中路的舊居。

「八・一三」抗戰之後，邵洵美的出版事業受損，就以項美麗的名義出版抗日月刊《自由譚》和英文月刊《公正評論》，宣傳抗日。

1938年5月毛澤東的《論持久戰》發表後，中共地下黨組織決定把它翻成英文並傳播到國外去，擔任此項工作的楊剛女士就住進了項美麗家中。翻譯過程中，項美麗和邵洵美都成了最好的幫手。書譯成之後，他們又承擔起印刷和發行工作。項美麗在滬4年留下了許多愛情故事和英勇壯舉，直到1939年她去重慶採訪宋氏三姊妹時才與邵洵美分了手。邵洵美後來逝於「文革」之災，而項美麗後來在美國生活，90歲時仍在寫作，前幾年剛去世。她的著作《中國與我》成為西方的暢銷書。

邵洵美的舊居東門。

06 蔣經國在上海的舊居

蔣經國上海打虎住逸邨

徐匯區淮海中路1610弄2號（現為民居）

淮海中路上海圖書館的馬路對面，有一組精緻的淡黃色的小洋樓。這些小樓坐北朝南，高三層，均帶一方小巧的花園，共有8幢，弄堂口的水泥柱上有兩個醒目的紅字：逸邨。

沿馬路的2號樓如今尤其引人注目：徐匯區房管局將其以70萬美金賣給一個香港人，那香港人沒幾天一轉手，以100萬美金又轉賣給了一個台灣人，房子連裝修都沒有就白賺了30萬美金。當然，

蔣經國上海舊居。

蔣經國（左）與蔣緯國在家中。

這房子如此好賣的最主要原因，還是它的歷史內涵，因為這是當年蔣家太子蔣經國的舊居。

1948年蔣經國到上海打「老虎」的時候就住在這兒。那時距國民黨在大陸的垮台只有一年多，社會和經濟已亂到無以復加的地步，米價半年中漲了30倍。蔣經國殺雞給猴看，抓了一批「大腕」（富豪），把杜月笙的兒子杜維屏也抓起來了。可是小蔣哪裡曉得杜月笙的厲害？兒子一被抓杜就親自來府上求情，而蔣經國為了大局拒不出見，這下惹惱了老杜，回去馬上把孔家公子孔令侃囤貨逃稅的醜行揭露出來。蔣經國一不做二不休，馬上派人去把孔的揚子公司給查封了。這下可捅了馬蜂窩，孔令侃搬出姨媽宋美齡來對付蔣經國，小蔣於是腹背受敵。與此同時，杜月笙的嘍囉已放出空氣，要教訓教訓小蔣，因而逸邨「風光」了。警察局局長帶隊把小樓團團守住，局長、副局長親自坐鎮晝夜值班，直到事態平息，蔣經國敗下陣來為止。解放後房子被沒收為公產，改革開放後又成為私產。

07

宋慶齡在這裡接待各國元首

徐匯區淮海中路1843號（現為宋慶齡故居紀念館）

淮海中路、武康路附近的宋慶齡故居，是一幢法國式的假三層花園洋房，建於1920年。小樓東側有一片高大碩茂的香樟林，為小園長年投下濃濃的綠蔭。小樓南窗正對一方平整的草坪，常有一群鴿子在上面嬉戲、覓食，為靜靜的小園平添了幾分活力。

花園的主人原是太古輪船公司的一個船長，後來幾經轉手，歸於德籍醫生菲爾西之手。菲爾西醫生後來因事向銀行借錢，將此花園抵押在銀行，到期後無力贖回，房子遂成了銀行的房產。那時出任上海銀行公會會長的是著名金融專家朱博泉先生。他覺得此屋恬靜可人，就斥資買了下來。抗戰勝利後，朱博泉被控有附逆之罪，此屋就被國民黨沒收了，朱博泉遷往華山路的范園，而此處成了中央信託局的招待所，蔣緯國也曾來住過。後來，因宋慶齡和孫中山在香山路的住宅要闢為「國父紀念館」，宋慶齡在滬沒了固定的住宅，於是蔣介石令蔣緯國搬出來，讓宋慶齡入住。

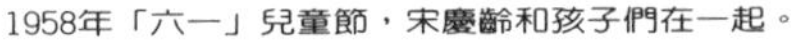
1958年「六一」兒童節，宋慶齡和孩子們在一起。

（上）宋慶齡故居。
（下）宋慶齡漢白玉塑像。

宋慶齡於1948年3月正式遷入，直到1963年遷往北京醇親王府為止。

現在，這兒作為宋慶齡故居紀念館，已列為全國重點文物保護建築，每天接待來自世界各地的朋友。人們步入二樓，可見宋慶齡結婚時其父母送她的嫁妝，牆上掛著她與中山先生的照片，時鐘也是中山先生用過的故物。樓下是客廳、書房和餐廳，宋慶齡在這兒接待過毛澤東、劉少奇、朱德、周恩來、董必武等國家領導人，也接待過金日成、西哈努克、蘇卡諾等國家元首。至今，客廳裡還陳列著不少外賓和朋友們贈送的紀念品。

08

猶太人俱樂部裡聽宣判

徐匯區汾陽路20號（現為上海音樂學院內辦公樓）

小提琴樂音流淌的汾陽路，20號是音樂學院的大門。迎大門的一幢有著半圓形落地長窗的建築，當年是猶太人在上海的俱樂部，造於1920年代。1930年代後半期，隨著第二次世界大戰中納粹對猶太人的

（上）猶太人俱樂部門楣。（下）猶太人俱樂部全景。

瘋狂迫害，上萬猶太難民湧入上海，使這個原本歡聲笑語的俱樂部，也成了難民們的聚集地。1941年太平洋戰爭爆發後，日本人進入租界，占領了這個俱樂部。1943年2月18日，日本宣布在虹口設立隔離區計劃，勒令凡從1937年起來滬的所謂無國籍者（指來自納粹統治區的猶太難民），必須在一個月之內遷進去。2月23日晚上，數百名在社會上有一定影響力的猶太人被召集到這裡，他們聽到一個更為嚴厲的宣判。

日本主管實施隔離區計劃的官員久保田勤對他們說，設立隔離區並不反映日本人的反猶情緒，而是因為上海的住房與食品供應問題越來越嚴重，所以必須對無國籍者實行集中控制。好像猶太人進入隔離區即會受到保護似的。接著他又發出最後通牒：你們要麼與日本人合作，要麼由日本人用他們的方式來處理，總之日本人決心把猶太難民計劃推行到底。

聽到這裡，猶太人俱樂部中鴉雀無聲，因為他們無路可走，而且在此之前他們已知道，那「屠宰魔王」蓋世太保梅辛格已來到上海，幫助日本人對付猶太人，並已風聞了那個毛骨悚然的「上海最後解決方案」，按那個方案，則要把難民們趕上船，駛到公海上去沈掉！想到公海上的「最後方案」，眼下哪個不是噤若寒蟬呢？

（上）大門。
（下）圓廳外景。

09 中國海關總署副署長丁貴堂舊居

丁貴堂二進稅務司公館

徐匯區汾陽路45號（現為上海海關專科學校）

汾陽路上的上海海關專科學校（汾陽路45號）1號樓，是解放前的上海海關為稅務司（海關關長）造的官邸，建於1932年，是設計國際飯店的著名設計師鄔達克的又一傑作。這幢西班牙風格的小樓，樓高三層，左右基本對稱。微顯弧形的布局和大小內陽台，給建築平添了宮廷式建築的豪華氣派。尤其一層和三層的窗戶、門洞，基

丁公館北側門。

（左上）丁貴堂先生。
（下）丁貴堂舊居正門。
（右）丁貴堂舊居全景。

本線條為半圓形，而二層為四方形，又形成了動中有靜的活潑旋律，是上海灘為數不多的漂亮洋樓之一。

丁貴堂先生擔任上海海關稅務司後，於1940年代初入住此樓，因敵視日偽曾被日本憲兵隊拘捕，獲釋後又被軟禁在此。後來在朋友的幫助下潛往重慶。抗戰勝利後他再次入住此樓，成為國民黨接收汪偽海關的大員。當時總稅務司是美國人李度，他是副總稅務司，因抵制國民黨政府官員的「五子登科」，大搞戰後物資的「劫收」，而與國民黨鬧翻。上海解放前夕，國民黨通知他去台灣，他表面上敷衍，暗中與中共地下黨取得聯繫，與海關職工一起，參與了保護海關、迎接解放的大量工作，還將外灘海關大樓七樓的一間辦公室，讓給工人糾察隊作指揮部，有效地配合上海的解放。

解放後，丁貴堂出任中國海關總署副署長，調往北京，這幢房子就成為上海海關專科學校沿用至今。

10

「白宮」：法租界總董官邸

徐匯區汾陽路79號（現為上海工藝美術博物館）

「美人魚」棲息的花園

汾陽路、太原路交接處的一座高牆深院，占了這街口的一半。夏天，高大的樹枝從牆內探出身來，伸向街心，給夏日的上街沿投下濃濃的綠蔭，遠遠地就可以猜出，這又是個不同凡響的地方。

大門口朝西，掛著許多長的方的、木質的和銅質的牌子，諸如

法租界總董「白宮」。

噴泉。

工藝美術研究所、工藝美術家協會、上海畫院、楊青青工作室，還有一家旅行社，好像是個大雜院。可是當你跟門衛亮過證件入得門來，再穿過右側的林蔭小路，來到一片開闊的河邊草地時，就會被它那綠色的典雅和靜謐折服。

小河彎彎地由粗而細，像一條靜臥的美人魚。河邊長著苔蘚的老樟樹枝，正探身河心汲水，那彎腰的姿勢很美。聽說當年這河裡有個維納斯，可惜在史無前例的「大革命」中犧牲了。你剛剛叨念完維納斯，正回頭掃描時，哇，不得了！這兒竟橫亙著一座「白宮」！雪白的牆身，寬闊的半圓形露台，就像維吾爾姑娘灑開的百褶裙；兩側流水般款款而下的合抱式階梯，似乎傳遞著一個什麼聲響……你膽子再大一點，從圓形露台走進二樓去，只見五顏六色的玉雕琳琅滿目，真的是好看得「一場糊塗」！

吵架吵出來的總董權威

這座「白宮」，原是解放前法租界公董局（法租界的市政管理機關）總董的官邸，據說1900年開始建造，直到1905年才告完工，從那時起，歷任總董都可享用這座花園，在花園裡發號施令，神完氣足地八面威風。

可是法租界公董局的總董，並不是一開始就能如此威風的，某種程度上講，是跟法國駐滬領事吵架吵出來的。19世紀的後半期，他們吵架吵到了白熱化的地步。高傲自大的白來尼子爵出任法國駐滬領事時，很快與公董局的實權派梅納和施米特結了怨。領事的議案常常被否決。領事指派新的董事進入公董局時，也遭到公開的對抗，甚至宣稱領事無權指派董事，從此之後，雙方一有機會就抓對方的小辮子，為一些瑣碎小事爭吵不休，最後導致了在巡捕房問題上攤牌。作為法租界的治安隊伍，巡捕房向來是直接聽命於領事的，可是公董局不舒服，透過一項議案，公開向領事爭奪對巡捕房的領導權。白來尼怒不可遏，就以總領事的身份發布命令，指責公董局的越軌行為，宣布解散公董局，包括總董比索內在內的5位董事「自即日起停止一切職務」。為了防止董事們的反抗，他命令巡捕房封閉公董局大門，不許任何人入內，如有違抗，可用武力。公董局被徹底擊垮了。

但是幾位前任董事仍不甘心，在移交公文檔案的問題上遲遲拖延，使新的臨時委員會無法正常工作。白來尼實在不耐煩了，索性叫法庭傳訊他們，判他們「意欲違抗法律」，令其立刻交出文件，否則就按逮捕法辦！還要兩人各交出10萬法郎的保證金，並罰500法郎。兩個被傳訊的前任董事根本沒有想到要帶10萬法郎來法庭，結果押起來再說，3天後湊足了鈔票才被釋放。總領事把公董局的「台型」打得亂七八糟，驚動了萬里之外的法國外交部。外交部研究後，乾脆把他們「合二為一」，即今後的公董局總董，必須由總領事兼任，總領事有權停止或解散董事會，應立即呈報法國外交大臣駐華公使……省得他們吵架。

從那以後，總董就由總領事兼任，權力在法租界內至高無上，住進如此豪華、奢侈的花園洋房，誰還敢說個不是呢？

總董一通電話招來「安南巡捕」

20世紀初中國爆發義和團運動時，法租界公董局藉機成立了一個自己的組織：防務委員會，但他們怕華捕在義和團的影響下造反，不好控制，於是根據法國當局「以黃制黃」的原則，雇傭一批越南巡捕，這是上海出現越南巡捕之始。

當時的總董白藻泰與越南總督杜美通了一個電話，第一批先調派29名越捕來滬。為了表示對越南總督杜美的感謝，就將當時新開

（左）彩色藝術玻璃窗。
（右）花園。

闢的一條馬路命名為「杜美路」（今東湖路）。1906年年底，董事會又作出正式雇傭越捕的決定。這些「安南巡捕」在滬人數最多時達600名。由於他們身材矮小，租界當局就安排他們在馬路上巡查，同時對違章的人力車、三輪車執行撬照會（牌照）的任務，還規定他們每人每月至少要撬30張照會。為了完成指標，可憐的「安南巡捕」在路上看見空車，有時不管違章與否，也強行扣留，撬去照會……因此經常引起華人的怨恨。

牆上的槍洞是怎麼回事？

法租界的最後一任總董是馬捷禮。太平洋戰爭爆發第二天，駐滬日軍輪番出動飛機轟炸黃浦江上的英美軍艦，出兵占領公共租界。由於法國政府已向德國投降，所以日軍沒有武力占領法租界，使得馬捷禮的總董局在風雨飄搖中，維持到了1943年汪偽政府收回租界為止。

「白宮」目前為上海工藝美術博物館。

抗戰勝利後，聯合國世界衛生組織曾在這兒辦公，作為亞太地區第一任辦公地址。解放初，陳毅市長曾在這兒住過一段時間。1954年陳毅市長調往北京後，這兒成為中蘇友好機關的辦公地點。1963年5月，在陳毅同志的關心下，上海民間最優秀的工藝美術家相繼來到這兒工作和傳藝，同時在二樓大廳裡建立了工藝美術品陳列室，迎來了一批又一批外賓。

十年動亂期間，工藝美術研究所被趕出院門，這幢豪華的建築被林立果強行占用。林彪和林立果自我爆炸（林彪父子一起搭機逃往蘇聯時，飛機爆炸而亡）後，工藝美術研究所得以在1972年重返故地。藝術工匠們重新走進院門時，只見滿院的茅草已長得齊腰高，把原來的牛毛細草都「吃」掉了。更令人不解的是，有的房間牆壁上還留下了槍洞，難道這裡還發生過槍戰嗎？知情的人說，不是槍戰，而是玩槍，是林立果玩槍時不慎走火時擊穿牆洞。

現成的影視拍攝基地

這幢房子實在是太豪奢，太美麗，太響亮——主樓為圓筒型建築，兩翼連接著長方型的裙房，底層朝南有大理石噴水池，朝北門外有雨廊，即使下雨下雪天，主人上下車也無礙；室內的花房四壁設有半米來高的玻璃水池，可放養各種觀賞魚，儼然一座小型海洋世界；那特製的淋浴室活像一只鳥籠，按動水閥，那水柱就從上下左右同時噴發出來……

所以這兒作為「湯司令」的官邸就再合適不過。若干年來，這兒不知拍攝過多少電影電視，如《南征北戰》、《大雷雨》、《宋氏三姊妹》、《十兄弟》、《聶耳》……時不時地還會湧進一批批外賓，前來參觀。據工藝美術研究所朱所長打開的貴賓簽名簿記載，近年來前來參觀的著名人物有：美國前總統雷根、英國首相希思、拳王阿里、埃及總統夫人、法國總統夫人……

11 白先勇童年故居

梁鴻志的「33宋」與白公館

徐匯區汾陽路150號（現為仙炙軒酒家）

上海的「白公館」座落在上海西區最富詩意的馬路之一——汾陽路上。汾陽路樹高枝繁，環境幽雅，不僅許多大樹已有近百年的樹齡，而且路邊的小洋樓大多都很有來歷，僅目前掛了「文物保護建築」的就有好幾處。如法租界總董官邸、猶太人俱樂部、丁貴堂舊居、潘澄波舊居等。當你不經意地踩響這兒的落葉時，耳邊還會響起一股流水般的鋼琴或小提琴聲；而在濃鬱的梧桐樹後的一座座幽靜花園裡，一幢幢風格迥異、各呈奇姿的小洋樓正若隱若現……

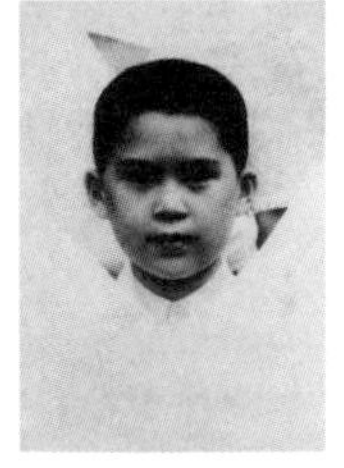

（上）1947年白先勇在上海養病。
（下）1957年白先勇就讀台大一年級。
（爾雅提供）

「白公館」就是其中一幢。

所謂「白公館」，是指汾陽路150號那幢氣勢非凡的灰白色洋樓。其實，白崇禧、白先勇父子在這兒住的時間並不長，而在他們入住之前的數十年間，這幢洋樓早就發生過許多傳奇故事了。也許是因為白氏父子名聲太大，所以，人們習慣上就把這棟洋房稱為「白公館」。

這處豪宅建成於1920年，是法籍冒險家司比爾門（M. Speelman）的私家花園，具有法國文藝復興時期的建築風格。如今大門依然是

老樣子，堡壘式的門房前，一條寬敞的柏油馬路通向樹林深處。林子裡有粗壯高大的香樟樹和拔地而起的龍柏，樹林的中心有一方噴水池，長年游著各類觀賞魚。那幢灰白色的、神態威嚴的洋樓，就在噴水池北側的草上地安然而臥。登上「白公館」二樓寬大的陽台，可一覽滿園綠色。東側半圓形的耳房，全是用法國凸凹形玻璃鑲成，宛如一個巨大的玻璃花瓶；樓內的大客廳、小客廳，處處可見精美的雕飾；尤其是那條盤旋而上的扶梯，令人恍如置身宮廷之中。

從窮光蛋到法租界第一富豪

（上）樓梯扶手上的雕花。
（右）露台和台階。
（下）二樓內景。

這個司比爾門曾是法租界的第一富豪。從1921年起，他擔任萬國儲蓄會的董事長後，利用一般市民渴望中獎發財的僥倖心理，在中國首開有獎儲蓄的先河，吸收成千上萬中外人士的資金，至1927年，已吸納存款達2.5億元。那時銀元和紙幣同時流通，而中國銀行和交通銀行所發的紙幣總數，才不過1.3億元，上海其他30多家重要的銀行存款總數，也不過5000萬元左右。到後來，凡是上海西部著名的大樓，如盛司康大樓（今淮海公

這棟「白公館」目前成為台商經營的「仙炙軒」餐廳。

寓）、畢卡第公寓（今衡山賓館）、巴黎新村、萬宜坊等，都成了他的資產。

司比爾門原先只是一個窮光蛋。他原是荷蘭人，在帝俄時代取得俄國籍，到上海來闖蕩時還只是個華俄道勝銀行的小職員，後來因虧空公款，溜之大吉。不久，風頭過後，他又加入法國籍，並且到上海接替萬國儲蓄會創辦人盤滕的董事長職務，搖身一變成了大富翁。他在上海過著紙醉金迷的生活，曾娶一歌女為妻，同樣也以揮金如土出名。據說這位歌女僅皮鞋就放滿了兩間屋子。後來兩人鬧翻了，那歌女「敲」了他50萬元的竹槓，然後另覓高枝。

1941年日軍侵入租界，司比爾門被趕出這花園，關進集中營。司比爾門被趕出後不久，大漢奸梁鴻志捷足先登住進這幢洋樓。

蘇東坡和辛棄疾的親筆信

梁鴻志是1937年「八・一三」後，日軍占領上海（租界除外）時的第一號大漢奸。他當上維新政府的頭子，辦公地點在四川路上的新亞飯店，直至汪偽政府登台。

梁鴻志是清末巨儒梁章鉅之孫，從小誦讀經史，擅長詩文。北洋政府時期他曾任國府秘書長，同時利用北京故都的特殊條件，搜奇攬勝，竭力訪求古代珍籍秘笈。他的藏品中最為難得的是有33封宋朝人的書信，其中甚至有蘇東坡和辛棄疾的親筆信，所以他把自己的書齋名為「33宋齋」。

梁鴻志住進這處花園後，更加忘乎所以，夜間常常舉辦豪宴，招引各種「豪傑」，尤其是日本主子，前來暢飲、打牌。每到酒酣耳熱之際，他就拿出收藏品向人炫耀。可他萬萬沒有想到，這批藏品很快就易主了。

抗戰勝利之後，梁鴻志被投入牢獄。為了保命，不惜忍痛割愛，把「33宋」拿出來託人送給了戴笠，以求減免刑罰。可是，戴笠不久飛機撞山身亡，他到頭來還是被送上刑場。

白先勇的童年往事

梁鴻志被捕之後，國民黨的接收大員接收了這處房子，再後來，國民黨桂系首腦之一白崇禧入住其中。白崇禧是廣西桂林人，早年畢業於保定軍官學校，北伐戰爭時任國民革命軍總司令部副參謀長、東路軍前敵總指揮，參與蔣介石發動的「四・一二」反革命政變。1928年，桂系軍閥與蔣介石鬧翻，並在蔣桂戰爭中失利，白崇禧與李宗仁只好回到廣西老家，直到抗戰爆發，才再度北上。

白崇禧再次來上海已是國共戰爭時期，他先後擔任國民黨政府的國防部長、華中軍政長官等職。其間，他把家安在上海這幢花園洋房裡。不料好景不長，淮海戰役之後，眼見大勢已去，他於1948年底安排家眷南撤廣西，1950年到了台灣。

解放以後，上海市人民政府接收這幢花園洋房，曾先後作為上海畫院和上海越劇院的院址。改革開放以後，上海越劇院遷往淮海中路，這兒成了越劇院與梅龍鎮酒家合辦的越友酒家。越友酒家開頭幾年生意挺好，天天客滿，可是沒幾年，生意就淡下去了。於是只得把宅院旁邊的越劇院練功房租給台灣寶萊納餐飲有限公司開設德國啤酒餐廳。後來，越友酒家生意更清淡了，而德國啤酒餐廳卻越來越「火」。一到夜間，燈紅酒綠，鼓樂鏗鏘，菲律賓樂團的熱情演出，把三層樓的近千名食客們鼓動得心旌搖蕩……最後，寶萊納把越友酒家也「吃」掉了。

2002年5月1日，這幢花園豪宅成了寶萊納所屬的「仙炙軒」極品燒肉餐廳。餐廳保留了樓內原有的建築特色及裝潢，又重新規劃整建。「仙炙軒」奉行「品質至上」的服務特色，每天迎來大批海內外的美食家。昔日的將軍故居，今日依舊名流會集。

北側一門。

12 英商正廣和洋行老闆舊居

正廣和老屋裡的風雲人物

徐匯區武康路、復興西路路口（現為民居）

武康路99號對於一般市民來說，始終是個神秘的所在。近幾年，滬上不少人家的院牆都「破牆透綠」了，這兒仍舊高牆聳立，大門緊密，人們只能從它那漫過院牆、探向街心的梧桐樹枝，和那在綠枝間若隱若現的尖尖屋頂，判定這是個大人物住的地方。

一點兒不錯，這兒確是一個風雲人物駐足大上海的

（上）正廣和洋行老闆納門先生。
（中）曾任中共全國政協副主席劉靖基先生（左）和劉臺齡先生在正廣和老屋。
（左）正廣和老闆舊宅近影。

地方。房子建於1928年，原是英商正廣和老闆的住宅，屬於典型的英國鄉村別墅的式樣。陡峭的雙坡大屋頂及半露於外的紅色木結構，加上二樓寬大的露台，無不顯示了主人雍容、典雅的貴族意趣。

不知為什麼，在1930年代上半期這兒已換了主人，一個鈔票未必比正廣和多，但權勢極大的壞蛋搬了進去。此人叫唐海安，與宋子文是同鄉，也同留美的新潮人物，是個為宋子文「生」鈔票的「機器」，宋極為賞識他，委以江海關（上海海關）監督一職。在公文往來中，他的簽名要在海關稅務司伯樂德之上，掌握了上海海關的關稅大權。他對宋子文也馬屁拍盡，每週末宋子文從南京回上海，他都去北站迎接，以至於1931年7月，暗殺大王王亞樵在北站向宋子文行刺時，第2號目標就是唐海安。槍手們大概眼睛走了神，沒擊中宋、唐，卻擊中另外一個唐，即宋子文的機要秘書唐腴臚，讓

正廣和老屋舊影。

他躲過了一劫。抗戰時他沒去重慶，跟回力球場的法國老闆搞在一起，又發大財。曾被日本人抓走，經人疏通又放了出來，後來在香港去世。

解放後此房當然被沒收，潘漢年、魏文伯、王震都住過，後來作為市委招待所，各省市的主要領事來滬可安排住宿。「文革」前是華東局機要局的辦公處，「文革」後劉靖基先生（曾任中共全國政協副主席）年邁回滬，市府安排其全家入住。劉靖基先生一生除了實業和社會活動，還是個文物收藏家，房間裡琳琅滿目，全是名人字畫，曾捐給上海博物館40件精品，中有宋朝張即之的行書《待漏院記》。

13

疑竇叢生的小樓：唐紹儀舊居

徐匯區武康路40弄1號（現為幹部宿舍）

第一任民國總理倒在「古董商」的刀斧之下

武康路40弄1號、2號兩棟房子，解放前叫福開森路18號、20號，圈在一座大花園裡。花園內有花棚、噴水池、平整的綠草地，小樓兩側高大的樹枝，已越出樓頭的尖頂，成了小樓天然的屏障。小樓各層的門窗都雕有義大利式紋飾，在僻靜的武康路上，顯得十分典雅、高貴。可是這兒總有出乎意料的事情發生，是一幢疑竇叢生的小樓。

民國第一任內閣總理唐紹儀。

1937年「八．一三」戰火之後，大名鼎鼎的民國第一任內閣總理唐紹儀，出於安全考慮，從大西路（今延安西路）避居到租界內，住進了這幢小樓。當時外界已有傳言，說唐紹儀與日本特務頭子土肥原、原田等時有來往。《文匯報》也於1938年3月12日刊登了〈上海市民函唐紹儀〉的公開信，信中懇切地勸唐：「應以開國元勳的資格，發表光明正大的宣言，與國人共爭民族的獨立自主。」事實上，大漢奸梁鴻志、溫宗堯早就看

中唐紹儀這個久經官場的老政客，力勸他「出山做總統」，企圖拉他下水當漢奸，組成傀儡政府。國民黨政府偵知這些情況後，派人勸說唐紹儀避居香港，以保晚節，萬不可以喪失民族立場。杜月笙也託章士釗傳過話來，「少川先生不要顧慮，到香港後自有照應」。可是唐紹儀遲遲沒有動身。國民黨方面認為他行跡堪疑，有可能已經投靠日本人。戴笠手下「鐵血鋤奸」的隊伍於是立即行動，派了匪徒出身的殺手相強偉秘密潛往上海，透過永安公司的分部經理謝志磐（唐的廣東同鄉）與軍統駐上海區區長趙理君配合行動。

(左) 唐紹儀最後的公館。
(右) 公館西側門楣上的雕飾。

1938年9月29日，趙理君謊稱是一古董商，往唐紹儀家裡打電話，說是有一只宋代青瓷花瓶願以低價出售。唐一向對古瓷興趣很濃，凡歷代珍品均不惜重價收購，他的書房和客廳裡便陳設了不少明清青花瓷器。

第二天下午，趙理君、相強偉和謝志磐一行，將花

瓶、明代寶劍及其他古玩裝在一個特製的木匣內，在匣底暗藏一把利斧，由謝帶路，來到唐宅。唐宅門口有越南巡捕（安南門衛）把門，因謝志磐與唐是同鄉好友，是唐府的常客，也就揚手放行了。

三人坐定之後，趙理君拿出一把寶劍讓唐把玩，唐左看右看，辨不清真假，但又覺得形制可愛，雙方開始討價還價。唐叫傭人給客人點煙，傭人找不到火柴（其實是趙理君把火柴藏起來了），就到其他房間去取。傭人一走，刺殺唐某的時機已到，只見趙理君趁唐專注地低頭看瓷器的時候，伸手將暗藏的利斧抽出，繞到唐的身後，劈頭朝著他後腦砍去。可憐這位大名鼎鼎的民國總理，連哼都沒哼一聲就倒在血泊裡。趙理君三人大功告成，出門登上自己的轎車揚長而去。等到唐的傭人找到火柴回來，屋裡只剩已經斷了氣的唐紹儀，方才大聲叫起來。

紛紛揚揚的「唐案」餘波

法租界巡捕房辦案是厲害的，他們當天就查明，三個凶手中的謝志磐是國民黨軍統地下除奸人員，於是想方設法搜捕。謝志磐自從刺殺唐紹儀後，總感到有人在跟蹤他，要替唐報仇，於是疑神疑鬼，惶惶不可終日，時間一久，變得精神有些失常，被秘密送進重慶一家醫院裡治療。謝在醫院裡，見到醫生為他治療也恐慌不安，就拿出手槍作防備，由此引起醫院懷疑，向警方報告了情況。當時重慶衛戍總部稽查處處長不明內情，派偵緝隊長王克全前往偵察，被謝發覺，謝認為「仇家」已到，舉槍瞄準，被王先發制人，一槍擊斃。這一下情況更為複雜，戴笠怕對謝的調查會將刺唐案全部曝光，就把王撤職，又過了些日子，王克全又莫名其妙地「自殺」了，於是再一次引起轟動。

唐紹儀畢竟是民國以來的重要人物，而且軍統方面並沒有掌握到唐氏投敵的確鑿證據，於是引起國民黨元老們大為不滿。為了平息風波，蔣介石下令撥付唐氏家屬喪葬費5000元，將其生平事蹟存付國史館，褒揚這位78歲的老人，同時蔣介石、汪精衛、孔祥熙、林森、于右任、居正、宋子文、孫科、陳樹人、陳立夫等國民黨軍政要人，也都相繼發來唁電，對唐的不幸遇害深致哀悼……這麼一來，好像刺唐一案又不是國民黨方面的旨意，使外人感到更加撲朔迷離，訛傳四起。

直到近十年來，研究民國史方面的專家們仍在探討唐紹儀的死因。唐的小女兒寶榕寫下文章解釋當年唐遲遲未去香港的原因，乃是蔣介石、孔祥熙、居正、宋子文、戴季陶等人囑他在滬試探日方要求和談的條件，所以他才與原田見面。唐寶榕還出示孔祥熙的親筆函的複印件。唐的其他親屬也證明土肥原來見唐紹儀之事，實屬唐的女婿岑德廣擅自作主，岑與大漢奸殷汝耕關係密切，唐紹儀還當面斥責過他。

如此說來，軍統刀劈唐紹儀可能是起冤案。而趙理君等下場亦不好，謝志磐已如前所述，趙理君卻不知夾緊尾巴做人，在河南與中統發生磨擦，活埋了對方6個人，蔣介石聞訊大怒，下令將其槍決。戴笠得知後痛哭不已，以後他每次到成都，都要到泉驛軍統公墓憑弔。然而發生在這幢小樓裡的冤案，並不僅有這一起。

常溪萍一去不復返

解放以後，原住這幢小樓裡的人都逃之夭夭，市房管部門就把它分配給了機關幹部。市教育局黨委書記、華東師範大學黨委書記常溪萍住在樓下，樓上先後有市統戰部和紡織局的領導居住。

常溪萍是山東抗日根據地出來的老幹部，在當地口碑極好，南下上海便一直在市委機關工作，任職華東師大後，向以聯繫群眾、體貼下情為師生所稱道，他的夫人陳波浪也是老幹部。可惜夫妻多年沒有孩子，就過繼了一個侄女作女兒。常溪萍一貫對自己要求很嚴，組織上分配給他住底層共5間房間，他認為太多了，自己住3間就夠了，於是讓出了2間，自己住2間大房間，另有一小間放東西。侄女來滬以後，他們又覺得小孩長期住在大城市裡對於自身的鍛鍊成長不利，在她稍大一些的時候，就送她到湖北去了。這樣一位嚴己奉公、受人尊敬的好幹部，「文革」中卻遭到非人的迫害。造反派把他從家中揪走之後，就再也沒能返回家來。他的夫人陳波浪也殘遭毒打，甚至被打斷兩根肋骨。

常溪萍的噩耗傳來了，造反派說他是「畏罪自殺」，而熟悉他的人都認為，像常溪萍這樣堅強的漢子，絕不會自殺，一定是他殺！若干年過去了，此事仍然是一個謎團，組織在對其平反昭雪的文件上，只好籠統地寫道：被「四人幫」迫害致死。現在小樓的底層，也成了「72家房客」（形容人多，源自上海名喜劇《72家房客》）。樓雖依然，而物是人非，花園雜草叢生，更不成其為花園了。

14 金城銀行總經理周作民舊居

風雨不斷的周作民舊居

徐匯區武康路117號（現為一核電公司辦事處）

武康路是上海有名的高級住宅區，清靜的馬路兩側，有許多隱藏在香樟、翠柏下的漂亮房子。117號是一處獨立的花園洋房，有2幢小樓，解放以來一直是市委、市政府主要領導的住宅。其中1號樓住過陳丕顯和魏文伯，2號樓住過曹獲秋和楊西光。「文革」期間，這兒自然成了重災區，大字報、大標語層層疊疊，紅衛兵和造

（上）周作民先生。
（右）周作民老房子舊影。
（下）周作民舊居2號樓。

周作民舊居1號樓。

反派走馬燈般進進出出，房子的主人和家屬受盡了磨難。或許，這房子本來的風水就不太好，因為它早年的主人住在這兒時，也是風風雨雨。

早年的房主是金城銀行的總經理周作民先生。周是江蘇淮安人，當初從老家出來時肩上只有一個包袱。他的老師羅振玉從廣東召他赴粵就讀，他窮得連路費都沒有，直到第二年秋天，還是一個同鄉到當鋪當了大衣，才助他成行。就是這麼一個窮書生，後來留學日本，回國後不多年竟當上金城銀行的總經理，儼然大闊佬了。

抗戰前夕金城銀行從北京南移上海，周作民一家就遷入武康路的小樓。抗戰中他沒去重慶，得常與日本人周旋，抗戰勝利後麻煩來了。一會兒孫科上門敲竹槓，說是要借錢，一會兒社會上又風傳他是漢奸要懲治。果然有一天，警備司令宣鐵吾派人把房子包圍了，他急忙從後門溜走，但終於躲不開還是被綁走了。後來託朋友向戴笠說情才放回來，說明是「誤會」，弄得他整日驚恐萬狀。解放前夕周去香港，1950年返回，1955年去世。

15 李鴻章之子李經邁舊居

巨龍盤繞的丁香花園

徐匯區華山路849號（現為上海市委老幹部活動中心、申粵軒酒家）

丁香丁香，你在哪裡？

漫步上海西區華山路（當年叫海格路），最引人注目的花園，是一組中西合璧式的大花園洋房——丁香花園，這是上海灘百年來最負盛名、保存最為完好的花園洋房之一。自這座花園落成之日起，人們幾乎一致地傳說，這是清末大學士李鴻章為其七姨太（或者是八姨太）建造的藏嬌之所。姨太名丁香，所以花園也叫丁香花園。

可是這百年傳說近幾年來有了破綻：范書義的《李鴻章傳》附錄中有李氏去世（光緒28年）之後，3位子孫分遺產時立下的合同，合同中列數了十幾項李氏在全國各地的房產等不動產，而涉及上海的房產僅有一處，但根本沒有丁香花園的影子！

那合同的第八項中說：「（八）上海——價值4萬5千兩白銀之中西合璧式房出售，其中2萬兩用於上海李氏祠堂之開銷，其餘2萬5千兩，用於在上海外國租界買地建屋。該房屋為三位繼承人之公有居處，歸三人共同所有、共同管理。」按照此合同的說法，李鴻章在滬的唯一房產早就賣掉了，那麼丁香花園是怎麼回事呢？最近

李鴻章在滬舊宅（已拆）。

筆者走訪李鴻章家族在滬的後代，方知丁香花園是李鴻章的小兒子李經邁的住宅。這麼說，李中堂大人倒是誤揹了將近百年的「艷名」。

那麼丁香會不會是李經邁的姨太太呢？經查李氏家譜、族譜及《李鴻章家族》一書得知，不僅李經邁沒有此姨太太，就是經邁的兒子李國超也沒有此姨太太。李鴻章大兒子李經方的內侄、93歲的老人劉因生先生告訴筆者：「根本就沒有丁香這個人！而丁香花園是李經邁的則確鑿無疑，他一直住到1940年去世為止。」

如此說來，不知是哪一位高手「創作」了這個「丁香花園」的傳說。奇怪的是，這個傳說居然近百年來大行其道，弄得路人皆知，而李家後人也未見有人出來反駁，如此以訛傳訛，豈不是虧待了中堂大人？

李氏家族的經典遺蹟

李氏家族在上海乃至在中國留下了無數處遺蹟，而丁香花園無

（左）丁香花園1號樓。
（右）丁香花園一角。

疑是最經典的一處。花園過去的地址為海格路700號，一半為西式園林，一半為中式園林。西式園林中有大草坪，四周圍以高大的香樟。蔥鬱的花木之中，掩映著3幢紅白相間的小洋樓。現在編為1號樓的是主樓，為當時主人的住處，朝南之面處理為突出的曲線陽台，兩道雪白色的欄杆和銅錢式的花紋，把小樓點綴得格外耀眼。編為2號樓的已被裝飾成船形的兩層餐廳，巨大的落地玻璃，可將園內的全部景物一收眼底，現在由申粵軒酒家承租，以廣東菜點享譽滬上，每天過往的顧客川流不息。現編為3號樓的是在花園一角，與1、2號樓隔開的一幢西式小樓，現為丁香酒家開業之所。西式園林的面積占了整個花園的三分之二。

中式花園位於東側一隅，與西式花園之間有一巨龍橫臥。龍頭碩大無比，足有一兩個人高，龍鬚曲曲向天，聲勢奪人。龍尾搖擺之處，是丁香花園的大門口；

龍頭點水之處，則是花園山石和綠樹合抱的一泓池水，水上有亭翼然，曲廊縱橫，水中荷葉搖曳，金魚擺尾，濃蔭盡頭還臥有一座大假山。假山腹中整日洞穴森森，僅一人可入，山上又植四時花木，各得其宜。尤其那遍布各處的臘梅、紫藤、香樟、丁香、玉蘭和四季桂，更使得遊人一旦入得園中，便有如夢如幻之嘆。

最受欺侮的孩子和最有出息的老闆

李經邁是李鴻章最小的兒子，是莫老姨太所生。莫老姨太原是李氏的繼室趙夫人身邊的丫頭，後來「晉升」為姨太太。據說莫老姨太懷孕的時候，趙夫人鑒於家規，一定要莫講出這個孩子的父親是誰，不講就打，而莫老姨太是寧可挨打也不說。最後李鴻章在旁看不下去了，說道：「你讓她把孩子生下來嘛，孩子生下來了自會有人來認的。」如此一說，趙夫人恍然大悟，連忙為莫氏「追加」姨太太的名份。

莫老姨太生下的這個孩子就是李經邁。李經邁小時候長得又瘦

丁香花園1號樓東側門。

又小，很招人疼愛。李鴻章曾為之買下一批房產，對人說：「這孩子長得這麼小，將來恐難自立，這些房產歸其食用吧。我的孩子再笨，收房租總還是會收的吧！」據說這些房產，就是現在枕流公寓一帶。

其實李鴻章當年並沒有看明白，這個李經邁雖是最小的孩子，後來卻成了兄弟中最大的老闆。他機警無比，因是姨太太所生，長兄們看不起他，常常欺負他，因而更學得乖巧。當他們父親去世，3個繼承人（大房的李經方、二房的李國傑、三房的李經邁）在分家產時，就把最不值錢的股票和最差地段的房子分給他。說來也怪，這些不值錢的股票到了經邁的手裡，三搗鼓兩搗鼓，一個個都變得值錢起來。辦房地產方面他也像個內行似地學習外國人的樣子，向西部發展，買下了丁香花園及其周圍的海格路、長樂路一帶一大片房地產，後來隨著租界的擴大，城市邊沿的延伸，這些地皮亦逐年增值，李經邁遂成鉅富。

綠草地上的紙飛機

1940年李經邁去世，前來弔唁的人在海格路上排成長隊。李經邁畢竟是李鴻章之子，不少社會賢達、知名人士看在李鴻章的面子上，也來此一鞠躬，丁香花園的草坪上擺滿了紙紮的祭品和輓幛。最惹人注目的是一架紙糊的雪白飛機，令來賓們一個個睜大了眼睛，顯示李氏家族不同流俗的氣魄。

李經邁之子李國超在其父去世後，無意在滬久留，去北京買了一處偌大的舊王府宅院，裝修成中西合璧的風格。臨行前把上海的房產全都賣掉，把李經邁「望雲草堂」的藏書捐入震旦大學圖書館。該圖書館接到藏書後，清點為18000冊，特意為之開闢了「李氏文庫」以貯之，並訂製了許多雕花的書櫥。該館館長還親撰文字，在該校學報上刊載，介紹了經邁這批藏書的特點。

李國超是獨子，把上海的家產清理完畢後，包括賣掉了丁香花園和枕流公寓，在北京住了一段時間，就率全家出國了，最後在美國去世。他的後代現於聯合國國際救助中心擔任要職，很少回到上海來。解放後，丁香花園曾作為市委和市政府的下屬辦公場所和招待所，改革開放之後成為老幹部活動室。現在活動室僅留一幢小樓，其餘皆出租給酒家開業，生意頗為興隆。

從此，一向幽靜的、常人不得出入的丁香花園，變得越來越貼近市民，尤其在週六和週日，濃蔭下一字排開的白色餐桌，成了遠近市民們飲茶的最佳去處。

丁香花園主人李經邁與兒子李國超。

16 富商郭棣活舊居

郭棣活兩次慷慨捐豪宅

徐匯區華山路893號（現上海市工商聯機關所在地）

（左）小樓一角。
（中）樓梯。
（右）郭棣活舊居北院。

老上海們都知道，華山路、復興西路路口的市工商聯機關所在地，原是著名工商界人士郭棣活先生的舊居，是老先生無償地長期借給上海市民建會和工商聯的。其實大家有所不知，早在1958年，老先生就已經捐獻過一幢豪宅了，而且是帶有15畝地大花園，即現在西郊賓館內的5號樓。當時有人問他為什麼要捐獻？他回答說：「解放了，我們大家要多為國家著想，我在市內有這麼好的房子，在郊區就不必再設別墅了。而且，連毛主席都沒有私人別墅，我怎麼能有呢？」聽者無不為他的磊落胸懷感動。華山路這一幢是「文革」後交給工商聯使用的，花園雖沒有15畝，但房子極為典雅、精緻。

這幢豪宅通體潔白，形體設計上似乎刻意追求現代

建築的幾何造型。朝南有一方花園，朝北在華山路上開有大門。房子入口處邊，有一柱圓柱形的格子玻璃磚幕牆，造型尤為突出，顯示出現代派建築通透、明亮、高雅的特點。這房子1948年落成後，曾舉辦過熱鬧的喬遷慶祝活動。滬上工商界很多朋友都跑來慶賀，客人無不讚賞其比馬路對面的外國人別墅還要漂亮。房子底層是餐廳、客廳和舞廳、書房；二樓正南間是郭棣活、馬錦超夫婦的臥室；東側是兒子們的臥室；西側是小姐們的閨房；西側廂房是女傭的住處。

解放後郭先生積極帶頭參加公私合營。1958年9月出任廣東省副省長，分管輕工、紡織工作，從此在上海居住的時間少了，但他仍與上海保持密切的聯繫，曾率廣東省輕工業廳、廣州輕工業局的幹部到上海參觀學習，在廣東推廣上海的管理與技術，收到了很好的效果。1986年郭先生在廣州去世，但他留在上海的兩處豪宅，就像他的紀念碑，常常喚起上海人對他的美好回憶。

1 7 前上海市長吳國楨舊居

吳國楨在大陸的最後官邸

徐匯區安福路201號（現為上海話劇藝術中心）

不知有何用的門樓。

安福路201號院內上海話劇藝術中心所屬的那幢小樓，是建於1922年的兩層洋房。房子幾經改造，面目已大變，上半部分已趨於平民化了，而底層和花園裡，則還遺留了不少貴族氣息——一根仿愛粵尼式淺浮雕的廊柱，支撐著大門入口處；旁邊一隻斷了右臂的歐洲石美人，依舊深情地注視著屋頂；院子裡還散置著石獅、石凳和雕花的石盆。歲月，在這兒留下了各種印跡。

這個地方在抗戰期間是大漢奸潘三省的住宅，抗戰勝利後被國民黨政府作為敵產沒收，整修一番之後，成了當時的上海市市長吳國楨的官邸。吳國楨當時還是蔣介石的親信（到了台灣後漸漸與蔣矛盾激化，以至於受到蔣介石陷害，不得不逃到美國），他為穩定上海社會，為老蔣贏得戰場上的勝利，極力營造一個可靠的、有效率的大上海，不得不整天疲於鎮壓學潮、工潮和舞潮。但在推行金圓券等金融改革方面，他是個反對派，因而與蔣介石開始有了矛盾。

在這種情況下，上海地下黨組織按照陝北中央的電報指示，派人上門策反。1949年年初，吳國楨在留美期間的一個大學生聯誼會老同學（中共地下黨員）來到他家，說是已接到黨組織的指示與他接觸：「上海的中共地下黨受命保護你，不要離開上海。」

可是吳國楨儘管與周恩來是南開中學同學，但他是個反共的死硬派，不僅不領情反而出言恫嚇：「如果不是由於當前正進行的和平運動，我會當場逮捕你！」4月17日，吳離上海去台灣。幾十年後他在美國當寓公，還對哥倫比亞大學口述歷史部的教授裴斐（Nathaniel Peffer）、韋慕庭（Martin Wilbur）講了這段經歷，後收錄在《從上海市長到台灣省主席口述回憶》中。

吳國楨舊居全景。

18 光緒帝師孫家鼐家族舊居

樹大招風的孫家花園

徐匯區安福路52號（現為永樂電影公司）

華山路、武康路路口以東，有一組淡黃色的西班牙風格的小洋樓，內分3個區域：東部伸向長樂路的是3幢公寓式的4層樓房；靠武康路口的是一組類似中世紀古堡式的組合建築，高低起落有致，自成獨立院；南邊臨永福路的是一幢格局開闊的官邸式房子。這一片漂亮的洋樓，當年是阜豐麵粉廠（解放後並為上海麵粉廠）創辦人孫多鑫、孫多森兄弟的住宅，地皮是從李鴻章的小兒子李

（上）內廊。
（中）孫家花園。
（下）孫多森先生（前排右二）和他的家人。

孫家花園東門。

經邁手裡買來的。

孫氏兄弟的叔祖父是清末光緒皇帝的老師孫家鼐，他們的外公是李鴻章的大哥李瀚章。他們作為「雙份」的晚清高幹子弟，並沒有躺在父輩的功勞簿上等吃喝，而是選擇自己創業的道路；決定興辦麵粉工廠時，曾親往西方考察並訂購機器，當時的翻譯是顏惠慶先生的哥哥。工廠於1898年建成投產，成為中國第一家機器磨粉的麵粉廠，最初產品叫「老車牌」麵粉，行銷國內外。

為使家族事業後繼有人，他們不斷把子女送出洋深造，還創辦了家族的銀行中孚銀行（舊址在外灘滇池路）。可是孫家事業做得大了，事非也招得多了。袁世凱見孫家兄弟有本事，就先後招他們到北京幫袁氏做事，參與創辦了中國銀行，上海的產業交給下一代「方」字輩的人打理。可是上海地方有時也不太平，孫多鑫的獨生子孫震方遭綁架，營救出來後上海不敢待了，去了天津。後來「以」字輩中又有人遭綁架，弄得人心惶惶。這組房子雖然豪華氣派，但似乎安全感差些。解放後孫家子弟把它賣了。現在一部分是民居大雜院，一部分是永樂電影公司的辦公處。

19 中國「郵王」周今覺舊居

誕生三個集郵家的周家花園

徐匯區建國西路475號（現為民居）

襄陽南路、建國西路的轉角上，有一幢不大起眼的小樓。樓高不過三層，園大不足一畝，現在已擠入了72家房客。當年這可是個有國際影響力的地方——中國郵票大王周今覺（周明達）的私家花園。

周今覺是晚清兩江總督周馥的長房長孫，安徽人，從小在周家揚州小盤谷的故宅裡讀書，成年後先是在揚州承繼祖業辦鹽，辛亥革命時移居上海，投資房地產業

（上）中國「郵王」周今覺。
（下）周今覺舊居。

和工業。1923年時，他的三兒子周煒良才13歲，喜歡從老爸信封上剝取一些花花綠綠的外國郵票，當老爸的也覺得好玩，就把寫字間和洋行裡信件上的郵票剪下來給他，半年下來竟貼了一小本。這年9月周煒良病了一星期，為了安慰兒子，他去跑馬廳花了1元5角錢買了一包各種外國郵票，想不到周今覺本人自此也隨兒子遊進「郵海」，從此一發而不可收了。

周馥家族在揚州的老房子「小盤谷」。

他開始是漫無目標地收集各國郵票，後來又集中收集中國郵票，從辛亥革命紀念郵票往上推，逐步把清代郵票收集齊全。1924年他花鉅資購得原海關洋人費拉爾先生的部分郵集；1927年，又耗鉅資購得號稱「東半球最罕貴的華郵」的「紅印花小字當壹圓」新票四方連，又從外國人手中購得若干郵集，短短幾年他便名冠全國，被譽為「中國郵王」。此後，他在集郵界發行《郵乘》，組織中華郵票會郵人聯歡會，對中國早期郵票進行研討，做了大量工作。

更可貴的是，他的兩個兒子周煦良（生前是華東師大外語系主任）和周煒良（著名數學教授）也都成了知名的集郵家。周煦良著重收集解放區郵票和中國明信片，曾彙集一部《1897—1949年名信片》，在全國郵展中獲銅獎。周煒良則專注於中國郵票版式的研究，著名藏品有「萬壽小字二分倒蓋郵票」一枚，曾刊發大量研究論著，亦是中國集郵界的一傑。

從1947年起，由於戰後國民黨有關部門敲竹槓，這幢小樓裡的珍郵開始星散。如今周家又有了集郵後起之秀，周老太爺的外孫唐無忌一幟突起，又成了集郵界的實力派人物。

20

孔祥熙舊居裡的陰謀與愛情

徐匯區永嘉路383號（現為上海電影譯製廠）

（左）孔祥熙、宋靄齡夫婦。
（右）孔祥熙舊居。

孔祥熙和宋靄齡，半個多世紀之前，住在永嘉路383號，即現在上海電影譯製廠辦公樓的那棟房子裡。

被稱作中國四大家族之一的孔家，是舊中國腐敗的淵藪之一，而其中真正的智囊人物正是宋靄齡。她在這棟貌不驚人的小樓裡，策劃了一系列影響中國政局發展的重大事件，其中，蔣宋聯姻就是她的「成名作」。

1927年3月26日，時任北伐軍總司令的蔣介石一到上海，當晚就由宋靄齡安排，在其母親西摩路（陝西北路）的住宅裡舉行晚宴。一個多月後，蔣介石派貼身侍衛宓熙，持其親筆信從南京專程來到上海孔宅，將親筆信交給孔夫人。宋靄齡見信喜上眉梢，原來是蔣介石約宋美齡去焦山旅遊，要她這當大姊的促成此事。對於蔣宋聯姻，宋慶齡和宋子文堅決反對，宋靄齡卻認為，蔣介石一旦成為宋家女婿，那全中國的財富就都是孔家的了，因此極力促成此事，並於5月14日親自把小妹送上了北上的火車。

半年之後，蔣介石果真成為宋家女婿，又過了幾年，1930年代初期，宋子文的財政部長由孔祥熙取而代之。孔一上台，就在上海棉花交易市場上大搞營私舞弊，蔣介石派實業部長吳鼎昌去查辦。宋靄齡一個電話過去，蔣介石那頭就不吭聲了。抗戰勝利後，其子孔令侃的揚子公司也大搞營私舞弊被蔣經國查出，最後又是不了了之，不用說，這又是孔夫人的「大手筆」。

（上）馬歇爾將軍。
（下）狄百克律師。

21

馬歇爾公館的「神秘人物」

徐匯區太原路160號（現為太原賓館）

位於太原路160號的太原賓館，是上海灘最有品位的花園洋房之一。現在人們常稱為「馬歇爾公館」，原因是1945年底至1947年初，美國的馬歇爾將軍作為美國總統杜魯門的特使，為調解中國國共兩黨的關係，來滬時住進了這個花園。其實馬歇爾將軍在此只住了一年光景，而這花園建於1920年代，中間換了好幾位主人，大多是「神秘人物」。

房子最初的主人是法籍律師狄百克。他之所以「神秘」，是因為他有包打贏官司的本事，無論你有理無理，到了他那裡無理也變成了有理，但是要價極昂，所以在法租界有「強盜律師」的綽號。其實他的「本事」在於通官路，與法國公董局、駐滬總領事及會審公堂的官員都熟，使他的錢袋迅速地膨脹起來了，於是花大價錢造了這幢房子。

房子的式樣是依照法國路易十四的一個宮殿設計的，所以材料均來自法國，屬於文藝復興時期宮殿式建築。浴池尤其特殊，用五顏六色的馬賽克鑲嵌起來的，在上海灘獨一無二。太平洋戰爭爆發後，狄百克已病死，他的夫人託人把房子賣給了一個「神秘人物」岑德

廣。此人父親為前清大吏岑春煊，他本人是唐紹儀的八女婿，又是周佛海的幕後軍師。周佛海在南京任汪偽財政部長，每週末回上海，常在此見岑，因為岑與日本政界上層有著千絲萬縷的關係。

抗戰勝利後軍統沒收了此房，給上官雲湘住了幾天，後來才是馬歇爾住。解放後成為市委招待所，仍有神秘人物出現。她一到，周圍就不許有貓叫狗叫，要建立「無聲區」。「四人幫」粉碎後人們才知道，這個「神秘人物」叫江青。

（上）馬歇爾公館。
（下）樓梯口。

宋子文。

22

宋子文舊宅的「怪病」之客

徐匯區岳陽路145號（現為上海老幹部大學）

岳陽路145號那座大花園，現在是上海老幹部大學的校址，裡面有3幢樓。其實原先只有一幢樓，過去是宋子文的舊宅，即大門左側那幢。小樓建於1928年，是幢荷蘭式花園洋房，東西兩頭各有一個折簷式的坡屋頂，像西方一種名犬耷拉的大耳朵；二層樓的長窗外有一道長長的曬台，橫貫到底，為小樓增添了一種平衡與莊重。園內其他兩幢是「文革」中擴充進來的，是市委機關造反派的「業績」。

此處雖是宋子文的舊宅，其實宋子文本人住的時間並不多。他在南京擔任國民黨的財政部長，只有節假日或在上海有公務要處理時才住這兒。抗戰中去重慶8年，回來後又在南京國民政府裡任職，和大多數官員一樣，在南京住官邸，而把家屬都安置在上海的租界裡。

解放之初這兒被華東公安部接收，作為公安部門的俱樂部。1956年上海市委成立招待處，把這兒作為招待所之一。林彪1950年代末從蘇聯治病回來後，就在這兒繼續療養，一住好幾年，那時葉群在市教育局掛個名，其實並不做什麼工作，他的兒子林立果與他們同住，轉來中國中學讀書。據當年為之服務的老同志說，林彪那

宋子文舊居，1956年成為上海市委招待處，林彪、江青皆來住過。

時不知患了什麼怪病，一動就出汗，為了涼快，不住朝南的房子而住朝北的儲藏室，睡帆布行軍床。飲食也與眾不同，常吃白切肉燴大塊黃芽菜，以及羊雜碎。那時上海有個回民開的屠宰場，在現今萬體館一帶，每套羊雜碎2元7角，包括羊腸、羊心、羊肝等，一週買一次，買10套，他白水煮了吃，不放鹽、油。要吃藥了自己開藥方叫護士去華東醫院拿藥。

1965年，他們住到北京之後，江青也來住過。江青亦有怪病，怕光又怕聲，所以玻璃換成雙層的，窗簾也換厚窗簾，地上鋪上厚地毯，工作人員一律穿草拖鞋，稍不合意就發脾氣。「文革」前夕修房子，工作人員在一處被封死的樓梯底下，發現2箱子彈和防彈衣，應是當年宋子文的舊物。

「財神」周宗良。

22 顏料大王周宗良舊居

巨樟掩映的周宗良舊居

徐匯區寶慶路3號（現周家住宅）

沒膝的茅草裡豎著鏽跡斑駁的籃球架

淮海路、寶慶路臨近路口的地方，有兩扇灰漆大門。大門常年緊閉著，門上兩個門鈴小巧玲瓏，亦被終年的積塵重封密裹，大門兩側高聳的圍牆上，一側露出一座古堡似的建築頂樓，另一側則探出粗壯的樟樹枝子……站在路邊等候15路電車的市民，常常帶著探秘的眼光，揣度這堵高牆後面的故事。

終於有一天，在「三年大變樣」的浪潮中，市政有關部門來此拆掉了這堵高牆，繼之以透明度極高的鐵柵欄。這下人們的視野得到了解放，透過墨綠色的鐵柵欄望見一大片草坪，左側錯落著五座袖珍型的建築，並圍以巨大的老樟樹，盤龍般的虬枝有的幾乎横臥在地，最令人忽發聯想的是，茂密的茅草堆裡，還豎著一只鏽跡斑駁的籃球架，和一根腐朽了的平衡木……

費了不小的周折我才弄清楚，這兒原來是上海灘當年顏料大王周宗良的舊居，老人家一共討了四房太太，所以院裡有4幢住宅小樓，另一處最靠街面的平房是當年的大客廳，舉行宴會和派對的地方，現在成了他的外孫徐元章的畫室。畫室朝南的巨大落地門窗下，向外伸出了寬大的平台。現在平台上常年安臥的一張躺椅，並不是老太爺休息的地方，老太爺1956年已在香港去世了。

這是目前上海僅有幾處、仍歸私人所有的大花園洋房之一。

兩場戰爭「振興」了一批顏料商人

周宗良又名亮，1875年出生於浙江寧波一個牧師之家，其父在當地經營一家規模不大的油漆店，小有資財。周宗良從小就在教會辦的學校讀書，不僅練就一口標準的英語口語，而且視野開闊，知識面廣，為其後來與洋人打交道奠定良好的基礎。

不久，周宗良進入德商愛禮司洋行設在寧波的經銷行美益顏料號工作，開始跟外商與顏料打交道，1905年來到了上海。當時在中國經營染料業務的洋行有禪臣、元亨、天福、咪吔、謙信、裕興、愛禮司等十幾家，競爭十分激烈。周宗良以其英語和社交上的優勢，得到謙信洋行老闆的賞識，很快就取代該行原先的買辦姜炳生，坐上買辦的交椅。那時華人當買辦需以道契作擔保，周氏其時立足尚未穩，未置辦房地產，就由他的伙伴、後來亦成為顏料鉅商的蘇州人、瑞康顏料號的經理貝潤生借出道契。

1914年第一次世界大戰爆發，在華經商的德國人紛紛打包回國，當時的謙信洋行已是在華最大的德國洋行，不僅在滬置有大量房地產，而且棧存的染料數量浩大。該行老闆軋羅門深恐大戰中謙信遭受損失，就與周宗良密商，將謙信在滬的不動產戶名全部改為周宗良，託其隱匿保管；而謙信所有的染料，全部折價，以很低的價格賣給周氏。周氏接受了這一計劃。不久，戰爭期間亞歐之間運輸斷絕，進口染料由於貨源斷絕，一下子成了緊俏商品，而周宗良手裡掌握全部謙信的倉儲，因而一躍而為顏料業的巨擘，成了滬上數得出的大富豪。周氏發了大財之後，便在上海娶妻納妾，圈地造屋。寶慶路的院子原有一幢小樓是德國人造的，他買下之後又續造

（左）本書作者與周家外孫徐元章在庭院中閒坐。
（右）周家花園主樓。

幾幢，並仿照德國人的習慣，安裝壁爐，講究雕飾，修整草坪，加強健身，於是小院裡的人儘管或長袍馬褂，或西裝革履，而草坪上的活動卻盡是歐式格調。

第二次世界大戰中，德國又成了「火藥庫」，在滬經商的德國人人心惶恐。由於戰爭期間海運中斷，來自德國的染料又成了緊俏商品，留存在上海貨棧裡的顏料就像長上了翅膀，價格飛漲。周宗良此時已是德孚洋行的總買辦，他和他的同行們，抓住此天賜之良機，美美地「發」了一筆。

德孚洋行的總買辦

1924年前後，德國一些主要染料化工廠為了防止在

周家庭院內共有4棟小樓。

互相競爭中削弱實力，實行了行業大聯合，組織一個托拉斯集團，名為「大德染料公司」，統一管理各廠家的對外銷售業務，與此相適應，就在上海聯合成立了一個德孚洋行，作為中國獨家經理行，把原先在滬的德商企業，包括謙信、愛禮司、裕興、咪吔、禪臣、禮和、拜耳、廣豐等洋行中的染料業務，統統劃歸德孚集中經營。德孚中共有5個買辦，分別掛牌「愛禮司買辦間」、「裕興買辦間」、「咪吔買辦間」等，而總買辦一職又落到周宗良頭上，他就成了德國染料在華的總推銷人。周宗良為德孚先後在武漢、長沙、濟南、青島、天津、重慶等大城市開設了分行，又竭力為他主持的謙和號在各地發展銷售點，從原來的幾十個分支號迅速發展到全國200多個銷售點，資本也從原來的140萬銀兩增加到400萬銀元。1930年，周氏又獨資開設了周宗記顏料號，財源真是滾滾而來。

俗話說樹大招風。周宗良生意做得大了，寶慶路的住宅目標也越來越大了，最後終於被敵偽時期上海魔窟「76號」的行動隊隊長吳世寶「相中」，派了一幫人一大早衝進其前院，藉口周與重慶銀行界有來往，要把他綁票。周宗良早就聽說外邊風聲不好，請了幾個保鏢日夜守護，每天早晨去德孚洋行上班時，先派人在門口察看動靜，沒有可疑跡象才肯出門。可是綁匪那天已不等他出門，直接衝了進來，周宗良見勢不好，急忙從後門逃走，跑到隔壁法租界巡捕房尋求保護。綁匪找不到周宗良，結果把他太太綁走，最後花了4萬元「運動費」，才把人贖了出來。

吳國楨設宴「請財神」

除了寶慶路的花園住宅，周宗良還購買不少其他地段的房地產，如福建中路的聚源坊、天津路的泰記弄、金陵東路的德順里等。這些房地產大多數在抗戰時期陸續買進。抗戰勝利後，國民黨回來接收上海，為了振興經濟，也動腦「請財神」了。當時吳國楨當市長，客客氣氣地擺了數桌酒宴，把上海灘的工商鉅子都請了去，而排在首席的則是周宗良。當酒過三巡，吳國楨亮出真牌，請大家為市政府捐款時，周宗良提筆寫了50萬元。

另外，對於造醫院，周宗良似乎格外熱情。他曾捐給德國人辦的寶隆醫院一筆較大的款子，在抗戰前還曾與同濟大學商定，投資100萬元建造一所宗良醫院，協議已經鑒定，後因八．一三戰起，計劃未能實現。抗戰初期，他還在江寧路開辦了一所傷兵醫院，成為紅十字會的創辦人之一。

張春橋一句話把他關了七年

周宗良的後代中有一個孫子叫周裕農，在國內外經濟界很有影響力，曾任美國芝加哥國民銀行的經理和美國休斯頓銀行香港分行的買辦，他的外公周均時曾任同濟大學校長，與朱家驊為留德同學，後來不幸被蔣介石殺害。

周裕農雖在經濟界任職，卻與中共地下黨有著密切聯繫，在海外為中共做了大量有益的工作，被人稱為周恩來的「外匯口袋」。他們一房從寶慶路搬出後，曾住興國路，即現在興國賓館的七號樓。也許是由於周裕農對國家的貢獻突出，解放後國家對寶慶路那5000餘平方米的花園始終給予保護，「文革」中雖被造反派和一些單位占用過10年，「文革」後落實政策時就如數發還了。倒是周裕農的父親莫名其妙地坐了7年牢。

1967年「一月革命風暴」剛剛刮過，周裕農的父親周孝存很不識時務地從香港回到上海，請他母親將存在香港某銀行的一筆款子劃歸他的名下。此事不知如何被造反派知道了，匯報了張春橋，認為此乃「套匯」行為。張春橋一句話：「這樣的人還留著幹什麼？」令下如山倒，周裕農的父親一元外匯尚未拿到，就以「套匯」的罪名投入牢獄，一坐就是7年。

水彩詩情中的青春派

改革開放以後，花園中的會客廳成了周的外孫徐元章的水彩畫廊。徐元章的母親是周家四小姐，職業畫家，現旅居法國，父親是中國第一屆茅盾文學獎得主徐興業，他以一部《金甌缺》震撼了文壇。

周家外孫徐元章。

幼年時的徐元章就喜歡畫房子，家裡的紙張包括衛生間裡的草紙均被他塗鴉殆盡，長大後學過音樂，但最終仍醉心於繪畫。他繼1987年舉辦個人畫展之後，1992年、1999年又連續舉辦個人畫展。

徐元章畫作：昔日外灘。

他的150幅「老房子系列」已形成氣候，畫集也出版了。每當畫累了，他就步出長窗，漫步平台，面對著青青的小園作深呼吸一番……他明白今天的一切來之不易，必須努力超越，努力探索，才不愧對前人。

徐元章還有一個「書呆子」哥哥，名叫徐元健，從小喜歡埋頭讀書，週日父母要帶他上街，比上天還難。終於他讀出了名堂，從大學生、研究生、留學生，直讀到博士生、博士後，經歷雖然坎坷，意志依然堅定，現正在花園中屬於自己的一角中埋頭著書，是個樂天知命的物理學家。

24

宋美齡用心呵護的「愛廬」

徐匯區東平路9號（現為上海音樂學院附屬中學校舍）

「愛廬」、「美廬」、「澄廬」鼎足而三

東平路9號院內，有好幾幢法國風格的漂亮洋樓。其中最大的一幢建於1932年，宋子文買下來送給妹妹宋美齡。那時宋美齡已是宋家的第二位「第一夫人」，隨蔣介石長期住在南京，來滬時卻沒有與之身份相應的住宅。作為財政部長的宋子文，覺得於公於私都

蔣介石在滬舊居「愛廬」。

宋美齡在書房。

有些說不過去，適逢東平路9號的業主要出售這幢房子，於是斥資買了下來，名義上是代表宋家送給宋美齡的陪嫁。

這幢房子的確美侖美奐，莊重典雅，能與宋家兄妹的氣質相符。屋面採用暗紅色的法國平板瓦，似魚鱗般地層層漫開；牆面為水刷卵石，是當時流行的外牆粉飾式樣，有著海邊的沙灘氣息；門窗、門廊和牆角，都用水泥仿造石塊有節奏地嵌入其中，又增添了石堡般的凝重；屋頂上的煙囪和老虎窗，都恰到好處地錯落其位……難怪夫婦倆都十分喜歡這幢房子，蔣介石名其為「愛廬」，與他們在廬山的「美廬」，和在杭州的「澄廬」鼎足而三。

據蔣介石的貼身侍從汪日章先生說，這幢房子，蔣介石總共只住過六、七次，一般總是來去匆匆，最長的一次也不到兩個月。因為那時的總統府在南京，他們長住南京。此屋買下後不幾年抗戰爆發，他們與整個國民黨政府機關全都轉移重慶8年，抗戰勝利後又回南京，所以非在必要的時候不來上海住。倒是宋美齡時而前來小住。蔣介石去南昌、重慶、昆明、貴陽，一般情況下宋美齡總是相伴在側，有時蔣先走，宋稍後趕來，有時她先回來，每逢這種時候，宋總是單獨來此住上一段時間，整理私宅，上街購物，亦和兩個姊姊聚聚。每到這時，法租界的巡捕房就緊張了，警督薛耕莘（現97歲）就得趕緊派出警衛，佈置在房子周圍和路口，晝夜值勤。也許是巧合，有時宋美齡前腳來了，宋的舊情人劉紀文也會趕來，住在距東平路百米之遙的岳陽路一幢洋房裡，薛耕莘非常「識相」地一同加以認真護衛。

重要客人吃不飽

宋美齡對這幢房子的呵護十分精心，臥室、餐廳、浴室的牆壁與家具、臥具和窗簾的顏色都要求相配。平時由一個40多歲的麻臉男人看管，主人臨來之前派人來清掃一遍。客廳內除大小沙發、茶几之外，牆上的掛件也頗講究，有八大山人的春、夏、秋、冬四幀花鳥條幅，看起來僅寥寥數筆，卻已勾勒出一幅幅生動的形象，其中有一幅畫的是躲在荷花下側頭看天的鴨子，簡單有趣，維妙維肖，常被客人們譽為神品。

此樓的正房樓下有個大客廳，可坐四、五十人，亦可放電影，夫婦倆曾在此用美國電影來招待孔家子女和少數侍從人員。帶人來放電影的是勵志社總幹事黃仁霖，他是蔣宋結婚時宗教婚禮的主持人余日章（西藏路慕爾堂的牧師）的女婿，所以成了宋的親信，常為宋鞍前馬後地幹些私活。蔣宋在大華飯店舉行世俗婚禮時的主持人，是蔣介石的異母兄長蔣介卿，此人後來也因此受到優待，委以浙江海關監督、浙江省政府委員等肥缺。

他們有時也在這兒宴客，當然都是重要的客人，但一般規格不太高。菜餚都是些普通菜，以至於有的客人反應說吃不飽。這自然有些禮貌和拘束的原因，但也與飯菜不豐盛有關，因為宋美齡一向不多吃酒肉，廚房裡多半是素菜，而按蔣介石的口味，他家鄉的梅乾扣肉就是上等好菜了，這對於那些慣以海鮮山珍果腹的中外大老來說，怎能吃得飽呢？蔣介石不僅請客如此，對部下也不大方，若有部下因特殊困難請求補助，批200元就算是大面子了。

蔣介石軍裝照。

襯托第一夫人儀態萬千

而宋美齡對自己的服飾要求則不同，她這方面的講究出了名，常常為了一塊衣料，要跑好幾家商店反覆比較，問清價格方才選定。所以她在公共場合露面時，總是一身新奇、考究的裝束。蔣介石的內務副官叫蔣孝鎮，是蔣介石的侄孫，後來在西安事變中被張學良的衛隊擊斃。

宋美齡的內務副官抗戰前是斯紹凱，平時一身藍色長衫，沒有軍銜，還有兩個下手，客來送茶點；另有中、西廚師各一人。她的女秘書換過好幾任，學問和風度都很好，只是外貌都不揚，不是嘴唇動過手術就是眼睛有毛病，要不就是個頭矮小，看著不順眼。她也有過男秘書，廣東人，叫古兆鵬，禿頂，帶著妻子來的。宋美齡來滬時，這班人馬必隨其而來。大概這些人越是長得醜，就越是顯出「第一夫人」儀態萬千。所以蔣介石的侍從都認為，這大概出於作妻子的特殊心理吧。

這幢房子的南面有寬大的草坪，一條小溪在草坪上蜿蜒遊過。小溪中散置著一些石塊，散步時可點石而越。溪邊又有叢林、果樹，間以假山，取自然園林之趣，居其間全無鬧市的騷擾，確是一處世外桃園。

解放後這處房子自然由國家接收，成為上海音樂學院附中的辦公樓和圖書館，近幾年租給一家商務公司，整體建築一直保存完好，只是門前的草坪面積大大縮小了，那條好看的小溪也早就不見了，上面豎起了高樓。

「愛廬」一角。

榮德生先生。

25 麵粉兼棉紗大王榮德生舊居

50年代首富榮德生的花園

徐匯區高安路10弄20號（現為徐匯區少年宮）

綁票案幾乎把小樓掀翻

中國過去最大的私人企業老闆榮德生先生舊居，座落在徐匯區高安路一條僻靜的弄堂裡。花園並不寬大，樓房亦不豪奢，是一幢非常實用、風格簡潔的三層樓，很能說明榮老先生注重實際、淡泊虛名的實業家品性。

房子主樓建於1939年。那時榮家在無錫等地的工廠已全部毀於日寇的炮火，庫房中只剩26萬石未及加工的小麥。榮氏全靠榮漱仁的夫家楊通誼各方疏通，費盡周折把26萬石小麥運到上海租界，才在租界裡重新創業，包括建造了這幢住宅樓。樓的底層門廳有兩根仿義大利文藝復興時期建築的陶立克式廊柱，進入門廳後，迎面是一間大會客室，兩側配有衣帽間和休息室，東西兩端是餐廳、廚房和配菜間。榮德生先生夫婦居二樓朝南一間居中的臥室，兩側有書房和小會客室，東向幾間是女兒們的閨房，西向幾間是兒子們的天地。三樓是輔助用房，一部分作貯藏室，另一部分是供親戚朋友過往小住的客人間。

抗戰勝利後，榮家花園格外忙碌了起來。全家上下摩拳擦掌，準備重振舊業，除了要恢復被日寇破壞的茂新、福新、申新各廠外，還計劃籌設天元實業公司，創辦天元棉、毛、絲、麻綜合紡織廠，同時籌設開源機器工程公司以自製各種機械設備、為了改良棉花品種，還準備自設植棉農場，籌辦和擴展福利墾植公司，因此在常州、江陰、沙洲等地圍墾大批沙田……榮老先生策劃了一個大規模發展計劃，要把榮氏家族財團原有的20個企業起碼再翻上一番。

誰知天有不測風雲，抗戰勝利後的上海，綁匪趁亂橫行不法，綁票暗殺成風，誰有錢誰就有生命之虞，一會兒是「鑽石大王」、嘉定銀行總經理范回春被綁，一會兒又是「五金大王」唐寶昌被綁，而榮德生先生是「麵粉大王」兼「棉紗大王」，可謂雙重「大王」，果然也遭了綁票！

1946年4月25日上午，天氣晴好，榮先生在兒子榮一心、女婿唐熊源的陪同下，笑容滿面地從家中出來，登車去總公司上班。誰知車子剛到弄堂口，迎面竄出3個綁匪，手持國民黨警備司令部的通行證強行攔車，將榮一心、唐熊源趕下車，再把榮老先生劫持到一輛軍車上，飛馳而去。

榮家花園一下子像炸開了鍋，全家被這突如其來的變故弄得一時不知所措，驚恐不安，各地的親戚朋友也紛紛趕來或探聽消息，或出謀獻策，社會上更是群情嘩然，蜚短流長，訛言四起。直到一個星期之後，榮家才接到綁匪的電話，說要50萬美元的贖金，否則就撕票。榮氏家人救人心切，千方百計籌集外匯。因為當時資金大都用於投資擴建，恢復舊業，手頭並無多少機動，50萬美元絕非易事，又怕弄遲了綁匪會撕票，所以也不敢報警，一方人為那50萬美金跑進跑出，急得團團轉。

33天之後，50萬美金付清，榮老先生總算平安回家了。而蔣介石聞後卻勃然大怒，居然在他眼皮子底下一會兒綁票、一會兒贖票，遂下令破案。又過月餘，特務頭子毛森破了此案，抓獲案犯15

（上）榮家花園。
（下）榮家小姐榮漱仁與楊通誼夫婦。

人，槍斃8人，追回了榮家的贖金。然而令榮家驚愕的是，毛森等人比綁匪更「勝」一籌，他們一方面向社會宣布，榮德生綁票案已被偵破，一方面回過頭來向榮家攤牌：破案費60萬美金，拿來吧！難道你們榮家有錢贖人，就沒有錢付破案費嗎？

不僅如此，社會上聽說榮家已收回贖金，高達50萬美元，不少慈善機關、學校和社會團體紛紛要求榮家捐款，僅僅上海一地就有50多個團體，外地則更多。有些個人也來信求助，或訴失業窮困，或講殘疾無靠，甚至有的措辭激烈，出言不遜，點名要榮德生出來接見，大有恐嚇勒索之狀……這時的榮家花園，似乎又成了一個社會救助中心，每天都收到類似的信函。榮老先生被弄得身心俱瘁，心灰意冷，只好仰天長嘆：「……嗚呼，天下無公道久矣！」

解放後，榮氏家族大批人馬移居海外，留在國內如榮毅仁先生等均先後搬出高安路住宅，榮老先生住無錫。榮氏花園中除了榮德生先生的夫人長住之外，其他人很少過往，變得有些冷清。

這時，榮德生家族中諸如房產之類的家庭事務，均由六小姐榮漱仁打理。榮漱仁與丈夫楊通誼婚後住在與榮家花園一牆之隔的小院子裡，照看老太太及管理家庭事務十分方便。榮漱仁一向熱心公益事業，解放後不斷向國家捐物捐款，曾一口氣創辦了4所幼兒園，收有一千多名兒童。人們見她如此熱心，有了困難也很容易找她出面解決。於是，榮家花園很快又成了接待蘇聯漁業專家的招待所，一住就是許多年。

再後來，又有一對夫婦搬了進去，是榮家原來開在廣州一家棉紡織廠的總工程師。該廠解放以後關閉了，

榮德生舊居。

總工程師來到上海無處安身，太太又是英國人，榮漱仁夫婦客氣地把他們讓進花園。開始時住在大花園，後來住在他們自己住宅的三樓。可是那英國太太隨身帶來一隻大狼狗，對陌生人凶猛異常，常夜間吠吠不止，引起大家不快。榮氏夫婦與工程師夫婦商議，還是讓牠安樂死吧。工程師夫婦從長計議，除此之外，看來的確沒有什麼更好的辦法了。於是找來獸醫打針，那隻良種狗就永遠安靜了。

六小姐榮漱仁身居小園心繫天下

和榮漱仁女士有過交往的人都知道，她是一位舉止大度、心慈面善的好好大姐，十分難得。解放以後，兒女均去外地和外國，他們夫妻倆身居小園，心繫天下，不知為國家做過多少好事。儘管「文革」中造反派把他們掃地出門，趕到汽車間去住，冬天到了，禦寒的棉衣和棉被都沒有……然而，一旦改革開放的大潮洶湧起，他們又精神抖擻地奔忙起來。

1978年，她支持三兒子楊世純為上海引進生產電子手錶的技術和設備，生產金雀牌電子手錶，成為上海最早的補償貿易項目。女兒全家回上海探親時，她又支持女婿三次到交通大學講學，和國內專家、教授交流學術。她的四子楊世綏為幫助武漢市引進技術，代表華僑鉅商捐獻了一座塑料化工廠。他們夫婦赴美國探親期間，還促成了她的堂兄榮輔仁先生，將上海虹橋路占地數十畝的私人花園，捐獻給上海科技協會建造上海國際會議中心，還促成另一位堂兄榮鴻元向交通大學捐助150萬元，建立交大教師活動中心……

楊通誼先生的姑母楊令茀女士，在清末是紫禁城裡的宮廷畫家，臨摹過大量故宮藏畫。1978年於美國去世時留下遺願，要將自己收藏的寶貴玉器捐贈給北京故宮博物院，字畫著作奉獻給故鄉無錫市。為了實現楊令茀女士的遺願，他們老倆口不顧年邁體弱，四次自費赴美辦理交涉，奔走聯繫，經過五年的不懈努力，終於分批把玉器、文物全部運回國內，獻給國家。他們又把楊令茀女士留下的10萬元美金遺產，設立了楊令茀文教基金會，用來發展上海的文教事業……

1987年，榮漱仁女士因勞累過度，在一次會議上突發心臟病去世，而她家中的寫字台上，還堆著大量待處理的文稿和函件。

「文革」期間，榮家花園糊里糊塗地成了徐匯區少年宮。「文革」結束後，榮漱仁夫婦居住的小樓已落實政策，物歸舊主，然而大花園仍然是徐匯區少年宮。榮家曾提出交涉，要弄清該花園及建築的歸屬問題，而有關部門要看房契。關於房契，不提則已，一提又是一包氣。現今93歲高齡的楊通誼先生（已於2002年去世）不無酸楚地說：「『文革』中人都掃地出門了，所有的東西都被抄走，真的是片紙不留，造反派還能放過那張房契嗎？」

是呀，事到如今，「文革」抄家風已30多年過去了，到哪兒去找那張房契呢？

26 汪偽財政部長周佛海舊居

周佛海舊居是非多

徐匯區湖南路262號（現為湖南別墅）

周佛海舊居。

湖南路、武康路路口，有一個挺氣派的大宅門，終年緊閉，半個多世紀以來很少有人進出，因為那實在是個神秘的所在，人們無論從哪個角度，都無法全窺它的風貌，只能從有關部門偶爾疏忽流落塵世的圖片中，得知那是一幢掩藏在濃密綠蔭中的西班牙式小樓。

這原是1930年代一個外國人的住宅，一條悠長的通道從大門伸向叢林。1943年春天，汪偽政權的財政部長周佛海把它買了下來。也許那外國人因戰爭已回國，或許已被關入集中營，總之這兒成了周家花園，門前的居爾典路也隨周佛海的到來而改為湖南路（周係湖南人）。那時已是抗戰後期，日本人的敗相逐漸顯露，中共地下黨組織正積極做漢奸們的策反工作，劉少奇同志的一個侄女就透過隱蔽的管道潛伏下來，並住進了周家，這大概是幾十年後劉少奇被打成「大漢奸」的緣由。周佛海一家在此住了三年多就被趕出來。

1945年抗戰勝利，周佛海猝死南京老虎橋監獄，其子周幼海已

（左）周佛海舊居大門，現屬興國賓館。
（右）附樓有好看的陽台。

加入中共地下黨，其妻楊淑慧和女兒周慧海則奔走於南京、北京、上海之間，惶惶不可終日。解放後房子被國家沒收。

陳毅市長曾在此住過短暫的時間，後調任北京外交部，此後這兒就作為市委招待所，接待中央來滬的高級首長。在此居住時間最長的大概要推賀子珍，從1950年代末直到「文革」中患病住進華東醫院，後來在那兒逝世。

27

五四上海學運領袖何世楨舊居

徐匯區高郵路86號華電賓館內2號樓（現為上海電力公司賓館）

曾為高郵路88號的上海電力公司賓館，曾是著名愛國人士何世楨先生的寓所。何先生在五四運動時是上海的學運領袖（上海學聯會評議長），因其是東吳大學法學院高材生，故又擔任孫中山先生的法律顧問，後由孫中山先生介紹加入了國民黨，並由中山先生提名，出席國民黨第一次全國代表大會，擔任第一次國共合作時期的國民黨執行委員會委員。

抗戰爆發後，他因國民黨內部的一起暗殺案，遭到軍統的懷疑，因而未去重慶，帶著全家住進這幢漂亮寬敞的花園洋房，同時關閉了自己的律師事務所。但汪精衛一再纏住他，逕自在報紙上發表何世楨被選為汪偽「中央委員」的假新聞，企圖迫使何世楨就範。何世楨

何世楨在杭州西湖邊的別墅。

異常憤怒，立即予以反擊，揭穿了汪偽的陰謀，結果遭到一連串的打擊：首先，4歲的兒子何祚昆被綁票；而後，他親手創辦的持志大學被搗毀，在他的小樓周圍布滿了特務暗哨。後來才知道，他那4歲的兒子被劫到了一艘船上，在吳淞口整整漂浮了56天，最後經朋友多方營救，才活著回來。

國共戰爭時期，這兒又成了中共地下組織情報工作的重要基地，秘密電台就設在三樓。劉人壽帶領幾位電台工作人員終年在樓上奮戰，每天由何世楨夫人負責送飯，直到上海解放。

何世楨先生。

28 太古洋行大班舊居

興國路旁的老外豪宅

徐匯區興國路72號內1號樓（現為興國賓館）

走進興國路72號大門，滿眼一派歐洲園林風光——十幾幢紅白各色的小洋樓，靜靜地座落在柔和如毯的綠草地上；樓邊高大的梧桐、香樟和廣玉蘭，用婆娑多姿的枝葉，撩撥著窗前那些或明或暗，在微風中搖曳的窗簾；時有翠鳥飛過，有的在屋簷下做窩……

這兒現在叫興國賓館，幾十年前叫市委興國路招待所，半個多

太古洋行大班住宅。

（左）二樓內廊
（中）吊燈。
（右）樓梯。

世紀前是一幫老外的住宅，其中1號樓原是英商太古洋行大班的住宅，6號樓是美商海寧洋行老闆的住宅，7號樓是一個醫生的住宅。1949年5月上海解放時，這兒人去樓空，有關部門將其接管下來。那時樓與樓之間都有竹籬笆相隔，每個小花園裡均草木豐茂。1號樓最為氣派，樓前有寬闊的大草坪，要花的錢最多。因解放後土地收歸國有，私房業主必須交納高額地價稅。幾年下來，太古洋行的留守人員感到吃不消，主動提出以房抵稅，其他房子也有類似情況，不久就都成為國家的了。

後來陳毅、胡立教在1號樓、2號樓住過不長的一段時間，華東局在此辦過衛生幹部學校。1956年市委招待處成立後，這兒成了重要接待基地之一。1958年八屆七中全會期間，毛主席住1號樓，劉少奇和王光美住5號樓。「文革」中這兒成了重災區，5號樓是「張辦」（張春橋）；4號樓是「姚辦」（姚文元），還有一個叫尤雪濤的神秘人物常常出入其間，那是專門為張春橋收集情報的。這裡也發生過不幸，「文革」後有一年宋任窮來滬公出，住在7號樓，不幸發生火災，工作人員首先救了出來，而警衛副處長人稱孫大個子卻不幸遇難。此人曾當過江青的警衛員，知道不少江青的「軼事」。「文革」中江青指使他下放江西，被整得很苦。現在興國賓館沿街路口又興建了五星級巨廈，登樓俯視可見滿園春色。

29 上海道台邵友濂家族舊居

蔣冬榮飛機樓裡整「貪官」

徐匯區餘慶路80號（現為空軍巨鷹賓館分部）

在上海西區僻靜的餘慶路上，有一幢不大引人注目的飛機樓。說它是飛機樓，主要是有一扇雨廊又尖又斜地伸向大門，其後的樓身雪白如銀燕。這幢樓現在是南京軍區空軍巨鷹賓館的分部，而在60年前，是傳奇式人物邵式軍的舊居。

邵式軍是上海灘有名的公子哥兒，其祖

（上）室內的雕花。（下）邵式軍最「發達」時的豪宅。

年輕時代的邵式軍。

父是清末上海道台邵友濂，外祖父是李鴻章的大將、清末郵傳部尚書盛宣懷，他是邵家六兄弟中的老五，大哥是著名詩人、翻譯家邵洵美。

邵式軍的人生有如戲劇般，他從一個公子哥兒淪為大漢奸，出掌蘇浙皖一帶的稅收，「肥」得流油；又從一個大漢奸投奔共產黨；在抗戰勝利後，無意中又整垮了國民黨市黨部主任吳紹澍。

這最後一個「節目」，是由其夫人蔣冬榮完成的。原來邵式軍去解放區後不久，重慶來的接收大員宣布沒收這幢豪宅，限令3天全部搬出。邵妻蔣冬榮說來不及搬，要求寬限幾天，而吳紹澍不肯，他急於把他的市黨部遷入辦公，這下觸怒了蔣冬榮。搬家時蔣故意將5只空的保險櫃留在樓裡，事後向戴笠告發說，吳紹澍侵吞了其中的鉅款，包括一大宗珠寶首飾。戴笠與吳一向有隙，聞之大喜，立即叫蔣冬榮寫下清單，派人送往在重慶的蔣介石。

與此同時，蔣冬榮又買通小報記者，在報上大肆揭發吳紹澍「五子登科」。蔣介石聞之大怒，拿起電話，立即宣布把吳撤職。據說後來吳去向蔣申辯，蔣介石二話沒說，上去就是一記耳光。

30 江南首富後代張叔馴舊居

迎接過無數珍寶的老房子

徐匯區天平路40號（現為文藝醫院）

位於天平路40號的文藝醫院，是一幢建於1943年帶有西班牙式建築風格的花園洋房。外表看來，房子並無奇特之處，花園亦無奇草異石，可是這兒曾經是個藏寶重鎮，後來還迎接過無數的千年古物，是個名不見經傳卻城府很深的地方。

此樓的主人曾是湖州南潯張家的張叔馴（即張乃驥）。張家原本江南富戶，是南潯「四象」（當時人稱家產在一千萬兩銀以上的富戶為「大象」）之一，還出了一個民國元老張靜江（張叔馴的堂兄）。抗戰之前他的父親張石銘去世，兄弟各分得家產200萬兩銀，都成了雙份的百萬富翁。張叔馴與其他的兄弟不一樣，除了經營房地產外，還喜歡玩古錢，而且專門高價收購稀有品種。別人有一枚「鐵翻銅」已經認為不得了了，他居然有長長一串！其他諸如北宋的靖康錢、銀質通寶錢，很能反映

張家故居東側門。

北宋末年「亂世年年改號，窮士日日更名」的窘況，而張叔馴正是這種珍貴的靖康錢收藏家冠軍。解放前他全家去美國，所有藏品均帶走了。

解放後的1950年代，這兒成了上海市文物管理委員會的辦公處，曾不斷接受過大量愛國人士的文物捐獻。清末著名大收藏家、工部尚書潘祖蔭的後代，向國家捐獻西周青銅器大克鼎和大盂鼎，也是在這兒捐獻的，還舉辦了隆重的表彰儀式。捐獻人叫潘達于，一個典型的江南女子，她為保護這兩件國寶，抗戰中曾歷盡艱辛。1960年周總理來上海視察工作，文藝界人士反映求醫難，周總理批示要設法解決。1961年10月，市文管會遷至市中心，這裡改為文藝醫院至今。

（上）張乃驥（叔馴）故居。
（下）小陽台。

31

並蒂的蓮花：徐家匯天主堂

徐匯區蒲西路158號（現仍為天主堂）

南格祿的小房子

第一次鴉片戰爭，英帝國主義用大炮轟開了中國的大門，法國等其他帝國主義國家趁火打劫，也脅迫清政府簽定了不平等條約，上海成為開放的通商口岸。明末天主教傳入中國，至清雍正帝下令禁止傳天主教後，除在北京搞曆法的傳教士外，其他在各地的傳教士先集中到廣州，後又被逐至澳門，天主堂全部充公。但是，在天主教被禁的100多年間，上海等地仍有從澳門潛入的傳教士和由他們培養的中國神父秘密從事傳教活動。憑藉不平等條約，清政府的禁教政策隨之被打破，原來處於「地下」狀態的傳教士活動公開化了，新的國外教會勢力長驅直入。

教堂內部全景。

1842年，第一批法國耶穌會傳教士南格祿等來到上海，打算在靠近上

(左)教堂內挺拔的柱子。
(右)徐家匯天主堂舊影。

海城的董家渡建堂，原匿名在浦東金家港的羅馬傳教士羅伯濟，在傳教解禁後也看中了董家渡這個地方，新來者一時難敵「老土地」，南格祿只得另行選址，決定在「水道方便，北通上海，南通松江」的徐家匯建造教堂，因這是教會立足開展傳教工作的當務之需。

當時的徐家匯還是個小村落，有徐光啟墓，周圍住著十戶守墓的徐氏後裔。徐光啟是明末高官和著名科學家，是中國最早信仰天主教極有影響力的人士。他出生上海，在他帶領下，親屬、家僕、佃戶、鄰居等也信仰了天主教，他們成為上海的第一批天主教徒，不過到了此時，徐家匯十戶徐氏子孫只有四戶依然保持信仰。南格祿從其中一戶得到一小塊土地，在1851年造了兩幢西式房屋，一為住所，一為小教堂，就是今日徐家匯天主堂的前身。

從舊堂到新堂

19世紀中葉，法國勢力強大，羅馬教皇從過去依靠西班牙、葡萄牙轉而依靠法國，對中國的「保教權」落到法國天主教會手裡，上海的天主教管理權完全被法國耶穌會控制。隨著耶穌會勢力迅速上升，它在徐家匯天主堂附近陸續建起神學院、藏書樓、孤兒院、各種手工工場、印刷所、修女院、育嬰堂、天文台、徐匯公學等許多教會機構，形成了以徐家匯天主堂為核心的建築群，其間的道路稱為天主堂路。

和教會機構同步擴大的是徐家匯附近教徒快速增加，南格祿初來時，只有20來名信徒。徐家匯天主堂經歷幾次教徒大發展，第一次在太平天國年間，太平軍進軍江南，南京、鎮江、常州各府和浦南、浦東的許多逃難教徒相繼來到徐家匯，天主堂施發米飯，使他們得以活命，太平軍被鎮壓，這些教徒絕大多數都留下來，逃難者中一些原來不信教的人，因得了天主堂的好處也信了教。教會孤兒院收養的孤兒是教徒的又一來源，從進院時起，他們都成了小教徒，他們長大後，由神父、修女一手包辦婚姻，孤兒和孤女配對，住進教會分配的簡易房屋，並在教會的工場做工。根據教會規定，天主教徒第一代收入教後，他們的子女必須在出生後3至8天內受洗入教。逃難的外來教徒加上教會的孤兒教徒繁衍的小教徒，使教徒大量增加，從1865年的752人，至1899年已達1600多人。大批教會機構的成立和教徒人數的增加，舊的小堂已不能適應需要，建造更大

的新教堂就提到日程上。1896年，法國耶穌會傳教士又在附近建造新堂，工程歷時15年，1910年竣工。它就是我們現在看到的徐家匯天主堂，舊堂改為徐匯公學的宗教活動場所。

三天大火「造就」了一座果品倉庫

徐家匯天主堂原名「聖依納爵堂」。依納爵全名依納爵・羅耀拉，是耶穌會的創始人，他創立的耶穌會除一般修會對修士的要求外，還規定應絕對服從教皇，因此特別受到教皇的支持、保護，它實際上成了教皇的別動隊（指有特殊任務的小分隊），勢力扶搖直上。依納爵是首任耶穌會會長，死後被羅馬教廷封為聖徒。天主教堂一般以耶穌、聖母和聖母瑪利亞的丈夫若瑟命名，其次就是以聖徒名字命名，如梵蒂岡的聖彼得堂，耶穌會在上海建立的大教堂以其創始人的名字命名，當是順理成章之事。1970年代，改名聖母堂，但是一般上海市民都以其地理位置稱它為徐家匯天主堂。

（左）徐家匯天主堂近影。
（右）大門上的雕塑。

徐家匯天主堂是一座典型的哥德式教堂，坐西向

東，庭院寬敞，兩座鐘樓尖塔高至五十餘米，挺拔、雄偉，直指藍天。主題建築呈拉丁十字架型，縱向形成前廳、中廳、後廳，後廳之上是唱詩樓，橫向形成南北兩廂，大理石大祭台花團錦簇，燭台層層，美麗的聖母像立於祭台最高處。徐家匯天主堂是上海教區的主教座堂，因此，祭台上還安放著主教座椅，它的背面寫有《聖經》語錄，顯示出座椅的神聖性。大祭台背後和左右有聖母、耶穌和若瑟的小祭台，形成烘托聖母大祭台的布局。南北兩側牆上掛有描述耶穌生平事跡的圖畫，還有取材於《聖經》故事題材的大型繪畫，它們營造了濃濃的宗教氛圍。由於大祭台位於縱向大廳和左右兩廂的十字交錯位置，東、南、北三個方向都能容納教徒，可圍坐2500人同時面向大祭台望彌撒。

解放前，外國宗教勢力牢牢地控制著徐家匯天主堂，歷任主教都是外國人，還有不少外國神父和修女。解放後，有關部門驅逐了外國宗教勢力，進一步肅清它在中國的代理人。1960年，第一次由中國教徒選出自己的主教張家樹，在徐家匯天主堂舉行祝聖大典，翻開了中國天主教歷史新的一頁。「文革」中，1966年8月23日，一張「徹底清除帝國主義文化侵略遺蹟」的大字報貼上天主堂正門上方牆上，當晚開始「砸爛」的「革命行動」。堂前院場燃起火堆，火光沖天，教堂內一切宗教物品被扔進火堆，轉眼化為灰燼，整整三天，「革命行動」晝夜不停，兩個鐘樓上的十字架也被拆下，一座中國少有的大管風琴也不能倖免。此類行動，斷斷續續有一個月之久，直至所有與宗教活動有關的東西蕩然無存。浩劫後，空空蕩蕩的教堂成了一家單位的果品倉庫。

鮮花回到了教堂廣場

1979年十一屆三中全會後，中國開始落實宗教政策。1980年耶誕節，教堂內外修繕一新，宗教活動也已於一年多前恢復。1982年，花費資金20多萬的教堂兩個尖頂修復竣工，在耶誕節前吊裝完畢，完全恢復了教堂哥德式原貌。1990年代，上海建設日新月異，徐家匯地區面貌大變，高樓林立，綠化處處。徐家匯天主堂前破舊的長途汽車站拆除，改建成鮮花草地、噴泉呼應的花園廣場，更襯托出徐家匯天主堂的宏偉、壯麗，每天笑迎國內外天主教徒。這座具有深厚歷史文化底蘊的教堂，成了上海作為國際大都市一道富有特色的美麗風景，上海人民也為有這座美侖美奐的文物保護建築而驕傲。

（顧邦文）

II 虹口・盧灣往事

當年的傅氏豪宅已成了民房。

32

漢奸市長葬身處：傅筱庵公館

虹口區祥德路26弄2號（現為民居）

嚴府裡的乾兒子

虹口公園附近的祥德路，至今仍是一條鬧中取靜的馬路，其中靠玉田路的一段，過去還曾是達官貴人進出的高級住宅區。這片地段，住過兩個頂有名的人物：一個是魯迅；一個是傅筱庵。這個傅筱庵，原是浙江鎮海來滬的「打工仔」，在浦東英商開的耶松船廠當學徒，後來竟集流氓、無賴、漢奸於一身，投靠日本人，當上偽市長，成了上海灘名噪一時的暴發戶。

傅筱庵的公館現在看看倒沒有什麼氣派，不僅樓道裡被「72家房客」切割和占據得擁擠不堪，就連外牆也陳舊得令人睜不開眼，但這兒在60年前，的確是一個重要的所在。

傅筱庵當年在耶松船廠做工的時候，該廠的工人大多在廠附近租屋居住，這些房產歸當時上海商業會議公所的總經理嚴信厚所有，嚴家每月派人擺渡到浦東去收房租，由於工人收入甚微，生活困苦，很多人到時候交付不出，嚴家為此十分頭痛，很想在廠裡物色一個人物，「從內部攻破」。傅筱庵得知後，認為巴結大人物的機會來了，於是毛遂自薦，由他出面代收房租，實際上是他買通了船廠的洋大班，把房租從每月的工資中扣下來，然後由傅送至嚴家。於是傅得到嚴府的好感，傅趁機又認嚴氏的愛妾楊氏為乾娘，嚴信厚的兒子嚴子均又與之稱兄道弟，這個乾兒子就憑藉嚴家這個階梯，開始向上爬。

死於老傭人刀斧之下的漢奸市長傅筱庵。

盛公館的座上客

嚴信厚一家在上海灘上社會關係極多，可以說是無路不通。傅筱庵拉住嚴的兒子嚴子均，隨其優遊於上海富貴豪門之間，不僅結識了魯麟洋行的買辦虞洽卿、平和洋行的買辦朱葆三等人，而且透過嚴氏之妾楊氏與盛宣懷的夫人莊氏常在一起打麻將的關係，進一步向盛府靠近。於是他屢隨楊氏出入盛府，與盛宣懷之子盛重頤漸漸熟識，又被莊氏收為義子，漸漸也成了盛家心腹。

1911年，由於盛宣懷以漢冶萍公司的產權向日本抵借鉅款，又用鐵路收歸國有之名籌借外債，因而激起了川、湘等省轟轟烈烈的保路運動。在上海的漢冶萍公司股東及四川旅滬同鄉，為抵制盛宣懷在上海青年會（當時在四川路）開會，盛氏第五個兒子盛重頤在傅筱庵的陪同下也來到會場。會上群情激憤，紛紛提出要將盛家的財產充公賠償，弄得盛重頤下不了台，也無法脫身。此時傅筱庵急中生智，竟當眾代替主人跪地叩求，在一片騷攘中，使盛重頤得以逃出重圍。從此傅更加受到盛府上下的寵信。辛亥革命時，盛宣懷被通緝，率全家逃往青島法租界避難，在滬所有財產就委託傅氏代管。幾經周折，傅氏抓到了原屬盛家在招商局、漢冶萍公司及中國通商銀行三大企業中的實權。

兩面三刀出賣「軍統」

1938年12月，汪精衛從重慶逃出，經昆明前往越南河內發表「艷電」公開投敵。蔣介石聞訊大怒，指使戴笠派特務潛往河內，刺殺汪精衛，結果錯把曾仲鳴打死。戴笠不肯就此罷休，時時伺機而動。不久汪精衛到了南京組織偽政權。戴笠又派軍統局的書記吳賡恕等來上海密謀刺汪。1939年底，透過策劃，他們找到了傅筱庵，請他設法與開灤煤礦在滬經理許天民聯繫，等汪下次來滬時，由傅設宴歡迎，軍統趁機把汪幹掉。誰知傅筱庵表面上答應，背地裡卻向汪精衛告密，致使許天民等多人被捕。蔣介石怒不可遏，遂下令幹掉傅筱庵。

大漢奸終成老傭人刀下之鬼

1939年10月10日，傅筱庵叛國投敵，繼偽「大道市政府」市長蘇錫文之後，出任偽「上海特別市」市長，雇了二、三十個保鏢。戴笠的軍統組織、上海二區區長陳恭澍在滬多次組織暗殺，均未能奏效。後來他們發現，生活上與傅接觸最多的是他家的老傭人朱升源。從傅的父親輩開始，朱氏就在他家工作。軍統人員還偵察到朱氏平時無其他嗜好，只是喜歡喝酒，而且酒量很大。掌握這些情況後，軍統人員就在祥德路傅家附近開了一家酒店，來吸引朱升源。

朱升源果真嗜酒。軍統人員想方設法請他喝酒，跟他敘家常，拉近乎，於是又知道，朱少年時曾在日本人的工廠當童工，受過日本人的欺壓虐待，有一定的民族正義感，於是進一步啟發他的民族覺悟。朱曾勸傅筱庵不要當漢奸，以免遭人暗算，可傅根本不聽。他那時根本不會想到，自己的這條命最終將送在他最信得過的老傭人手裡。

「酒店老闆」開始與朱升源合謀。

1940年10月11日凌晨3時，朱升源趁傅筱庵熟睡之時，手執一把菜刀，進入傅的臥室，對準傅的頸項連砍數刀。這位橫行一時的偽市長居然一聲也未哼地就成了老傭人刀下之鬼。朱升源從容地從傅家後門走出，門外有軍統的人接應，立即遠走高飛，去了重慶。傅筱庵從擔任偽市長到被老傭人砍死，時間恰好是一整年。

33

軍艦式建築：俄羅斯領事館

虹口區黃浦路20號（現為俄國領事館）

蘇州河畔最漂亮的建築

1917年，上海外灘北部蘇州河與黃浦江交會的地方，矗起了一幢深青色的俄羅斯風格的四層大樓。這大樓通體莊嚴典雅，威儀萬端，四樓塔樓的頂部，活像一頂中世紀的武士帽，「武士帽」的頂峰，高揚著俄羅斯的三色國旗，遠遠望去，好像一艘巨輪航行在黃浦江滾

（左）俄羅斯領事館大樓。
（右）1920年代的俄羅斯領事館。

滾的波濤之上。這就是1914年開始建造，費時3年才完工的俄羅斯駐滬領事館大樓。

這幢大樓不僅是俄羅斯駐外國領事館中最漂亮的一幢，也是當時上海所有外國領事館中最漂亮的一幢，更為不易的是，80多年過去了，如果在上海外國領事建築中「選美」的話，她仍是最具魅力。可惜這位美麗的「凌波仙子」，80多年來的命運卻頗為波折。

哥薩克用石塊和酒瓶一度占領蘇聯領事館

新建的俄領事館很快就成了上海俄羅斯僑民的文化和社會活動中心。

可是還沒等領事館正式開館工作，俄國偉大的十月革命勝利了。1917年11月22日，蘇維埃政府發布命令，關閉了上海領事館及沙俄所有的外交機構，直到1924年蘇中建立外交關係之後，這個大樓才作為俄羅斯聯邦的機構開始領事館的使命。

1920年代中葉，由於俄國十月革命勝利，先後有200多萬俄羅斯僑民湧進上海灘，有的還帶了軍隊。如同後來第二次世界大戰中的猶太人一樣，他們把上海當成避難所。俄僑大都聚居在法租界，他們稱為「小俄羅斯」，在那裡開麵包房、咖啡館、服裝鋪，還辦有兩所士官武備學校，組織白俄軍隊，以及各種團體、協會，並積極開展政治活動。

毫無疑問，這些從舊俄羅斯逃出來的僑民，政治上與新生的蘇維埃政權對立，他們來到了上海，自然把蘇聯設在上海的領事館視為攻擊目標。1924年蘇中建交後，蘇方向中國提出上海領事館問題，遭到上海俄羅斯僑民的強烈反對。當時在上海的舊俄羅斯遠東哥薩克聯合會司令費·列·格列勃夫中將，下令由30名哥薩克組織的敢死隊強行占領了領事館大樓，以表示俄羅斯僑民反對把領事館大樓移交給布爾什維克。敢死隊占領了大樓10天，最後，在各國駐滬領事館使團的壓力下，又聽從了原總領事的勸告，才撤出大樓。

7月24日，原總領事維·費·柯羅謝正式把領事館大樓以及所有財產，移交給了蘇聯政府前來接管的代表。

「蒙古蓋號」事件

蘇聯總領事館當時的任務，是動員在上海的俄羅斯僑民加入蘇聯國籍，取得蘇聯護照並返回祖國工作。結果，一部分人返回蘇聯，但大部分人不願回去，他們並不承認蘇聯，並且利用一切機會與領事館抗爭。

當時蘇聯派了三艘軍艦從海參崴抵達上海，準備接俄僑回國，「蒙古蓋號」為其中一艘。當「蒙古蓋號」倚靠黃浦江邊時，正遇上一部分白俄發動暴動，並強占了「蒙古蓋號」。後來，領事館利用白俄中的內部矛盾，積極開展工作，終於促使這條軍艦滿載了250名哥薩克人於1925年3月10日開往海參崴。

當「蒙古蓋號」駛離黃浦江時，突然遭到另一艘軍艦「奧霍特斯克號」炮擊。這時，停泊在黃浦江中的英國「亞歷山大」快艇馬上駛近「蒙古蓋號」，掩護它迅速離開上海。原來，「亞歷山大」的艇長同情蘇聯十月革命，與蘇領館人員是好朋友，多虧他在此關鍵時刻幫了大忙。

曾經四開四閉的領事館

1927年11月7日，是十月革命十周年紀念。僑居上海的俄僑舉行集會遊行，在活動過程中，一些白俄又企圖強占領事館大樓，他們砸壞了一、二層樓的玻璃，往裡面扔石塊、酒瓶等雜物。領館人員被迫自衛還擊，致使雙方都有傷亡。這是1920年代黃浦路上著名的流血事件。

除了十月革命後蘇聯政府關閉舊俄羅斯時代的駐滬領事館外，1927年，中國國民黨政府要求蘇聯政府關閉這個領事館；1932年恢復關係後到1939年抗戰時期，不得不再次關閉。1945年抗戰勝利後，重開俄領館，而到了1962年中蘇關係惡化後，又一次關閉。1986年10月15日，蘇聯國旗再一次在此冉冉升起。現在的俄領館，當是她的歷史發展中最為平靜和正常的黃金時期。

3 4 曾為中共上海辦事處的周恩來舊居

董必武智定「周公館」

盧灣區思南路73號（現為「周公館」紀念館）

6根金條「頂」下周公館

思南路上的周公館（厚馬思南路107號），是一幢西班牙風格的花園洋房，這幢房子和附近的程潛、李烈鈞、梅蘭芳、薛篤弼等人的故居及一大片花園洋房，民國時期曾是女律師鄭毓秀的房產。鄭是民國第一任外交總長王寵惠的秘書，後來嫁了首任台灣省主席魏道明，這些房子是她以化名登記購買的。抗戰勝利後，中共中央在上海設立辦事處，喬冠華和龔澎透過社會關係，以6根金條將107號「頂」了下來，就是人們稱譽的周公館。

（上）周公館一角。
（下）1946年，周恩來在中共代表團駐滬辦公處（周公館）。

這幢房子1920年代建造，紅瓦雙坡屋

周公館全景。

面，外牆飾以卵石和清水磚，二樓的大陽台有露天樓梯直通花園，窗戶式樣方圓不一，屬於西班牙式的花園洋房。可是為什麼南京的梅園新村叫中共中央辦事處，而上海的辦事處卻叫周公館呢？原來國民黨根本不允許中共中央在上海設辦事處，儘管周恩來於1946年4月2日親自致函宋子文，提出要在滬、寧兩地設辦事處，請撥房子。而宋子文一拖再拖只批了南京的房子，在上海設辦事處一事則透過劉攻芸拒絕。如此一來，中共在上海設辦事處變成非法的了。

不讓設辦事處就稱周公館好了！

正在煩心之時，董必武6月18日到上海，聽說此事即刻作出反映：「不讓設辦事處就稱周公館好了！」一句話解決了大問題，不臨街的樓梯。

幾天朱漆大門上掛出「周公館」的牌子，以周恩來個人公館的名義對外，國民黨只好乾瞪眼了。國共戰爭期間周恩來四次來上海，以周公館為基地，與國民黨展開艱巨複雜的鬥爭，曾在此多次召開中外記者招待會，宴請民主人士，會見馬歇爾將軍，為國共和談積極奔波，直到1946年11月國共和談宣告失敗，離開上海返回延安為止。

35

記錄偉人足跡的中山故居

盧灣區香山路7號（現為中山故居紀念館）

孫中山先生的革命生涯中，曾多次來過上海，主要住過3個地方——早期在寶昌路408號（今淮海中路650弄3號）；1916年5月1日以後住環龍路（今南昌路）63號；1918年6月26日以後，就住在香山路7號，即現在作為中山故居紀念館的地方，那時叫莫里哀路29號，一直到他1924年11月21日，應馮玉祥先生之邀離開上海，經日本北上為止。

香山路7號是一幢西班牙風格的花園洋房，是南洋華僑商人贈送給孫中山先生的。孫中山先生在此前後生活的6年間，是中國革命面臨非常複雜局面的時候，雖然袁世凱已經病死了，但南北軍閥如一丘之貉，國民黨內部出現種種問題，甚至暴發了陳炯明勾結直系軍閥，發動武裝叛亂。

中山故居會客廳。

1922年8月14日，孫中山先生脫險後又來到這所房子，接連採取新的戰略方針——8月23日會見了李大釗，8月25日會見蘇俄特使越飛的代表馬林，雙方就遠東局勢和中國革命的諸多問題進行了會談。會談時，中國共產黨的李大釗、林伯渠先生都在座。接著他又多次召開會議，研究國民黨的改組問題。

於1923年的1月初，在上海召開國民黨的改進大會，

公布本人親自批改過的《中國國民黨黨綱》。並於1月18日在寓所會見了蘇俄特使越飛，從下午5時50分一直談到晚上10點20分。22日，孫中山又請越飛來寓所晚宴，並於26日聯合發表了《孫文越飛宣言》。這個宣言標誌了孫中山聯俄政策的最後確立，為三民主義的形成寫下濃重的一筆。

（上）中山故居。
（下）小餐廳。
（右）中山故居大門。

1915年，孫中山與宋慶齡結婚後在日本合影。

36 孕育西安事變的張學良舊居

盧灣區皋蘭路1號（現為荷蘭領事館）

各種勢力的代表在這兒川流不息

復興公園西側的皋蘭路，原是一處鬧中取靜、不聞於世的小馬路，由於近年張學良先生的舊居被「開發」出來，過往參觀的人絡繹不絕，整條馬路也日益顯達、繁榮昌盛了起來。

1927年的張學良。

1934年1月8日，張學良將軍在歐洲作了一段時間的考察後，應蔣介石電召回到上海。在此之前，他的貼身侍衛、侍衛副官長譚海（與張學良從小一起玩的小兄弟），向一家銀行租借了這座花園洋房，規模不大，但精巧別致，屬西班牙建築風格，尤其是東臨法國公園（現復興公園），環境幽雅，便於休息，草坪上還蕩著座秋千，雪白的座椅在綠草地上分外耀眼。

遺憾的是張學良住進小樓後，不但一刻也得不到休息，而且小樓幾乎成了各種勢力角逐的政治場所。那時雖說東北軍於「九・一八」之後已全部撤入關內，背上「不抵抗」的罪名，但張將軍畢竟是東北軍的真正首領，掌握著數十萬精兵，東北軍何從何依，在國內各種政治勢力的角逐中，具有舉足輕重的意義。張將軍在國外期間，蔣介石根本指揮不了東北軍，帶兵官中如黃顯聲、張廷樞等軍長，從骨子裡還是反蔣的。

於是原先僻靜的小樓格外地喧鬧起來，僅東北軍內部就有好幾種意見。一種意見是要張將軍回北平住，住頤和園，保持住東北軍的力量和在華北一帶的勢力，不要在南方跟蔣介石搞在一起。持這種意見的人認為，蔣介石沒有信用，說話不算數，這些看法以東北軍前參謀長榮臻為首，此人在「九・一八」以前就是東北軍的參謀長。第二種意見，也不願上蔣介石的當，僅僅想表面與蔣介石「搗搗漿糊」，暫時敷衍，暗地裡應與東北的義勇軍聯繫起來，同時東北軍自身要整頓、壯大，等待時機成熟，打回老家去，收復大本營。持這種意見的人，以黃顯聲軍長為代表，此人後來被蔣介石殺害於重慶中美合作所。第三種意見，是主張完全跟蔣介石走的，當時以莫德惠為代表。還有比莫更死硬的分子，是王化一。

關於張學良將軍應當何去何從，僅東北軍內部就意見歧出，國內各系派軍閥的頭目，更是紛紛派人前來說服和拉攏張學良。當時的「山頭」有四川劉湘，青海馬鴻魁、馬步芳，山西閻錫山，北方宋哲元、韓復榘等，蔣介石內部也還有蔣、汪、胡派系和兩廣的反蔣勢力。人們川流不息地來到小樓前求見，各懷各的目的，鼓動三寸不爛之舌說長道短。

結果，與大多數來人的期望相反，張學良很快就發表了擁護蔣介石為全國領袖的主張。他認為目前中國人力量太分散，太容易搞分裂，應當由一個領袖把中國統一起來，力量集中、壯大了，就能

對付日本人。並明確表示：「現在只有蔣先生有資格做這樣的領袖。」於是，他在當時國內四分五裂、山頭林立的形勢下，公開樹起擁蔣旗幟，相信在蔣介石的領導下，中國力量一旦強大起來，就會幫他打回東北老家。

但蔣介石堅持「攘外必先安內」，既然你張學良聽話，就先去「剿共」吧。2月7日，蔣介石發表了任命張學良為豫鄂皖三省邊區剿匪總司令部副總司令的命令，於是，張學良將軍一行很快就離開了小樓前往武漢行營，東北軍集結在華北的大部隊也陸續南下，參加「剿共」。小樓平時空關，供張將軍與趙四小姐來滬時暫住。

「剿共」受挫，張學良到上海找黨

「剿共」說起來容易，真打起來東北軍接連付出慘重的代價。江西中央紅軍經過長征到達陝甘寧邊區後，東北軍又奉命追到陝西，結果連吃敗仗。兩個月中，先後被中央紅軍和陝北紅軍「吃」掉110師一整個師和107師617團，師長何立中陣亡，陳參謀長陣亡，團長楊德新（外號楊扒皮）陣亡，被俘官兵共達3000多人，619團團長高福源被俘……部隊吃了敗仗，蔣介石不僅不給補充給養，反而要取消部隊番號，而對嫡系部隊卻是百般呵護，張學良這才看清楚了，他把蔣介石當成領袖，蔣介石卻把他當成雜牌軍，眼看東北軍

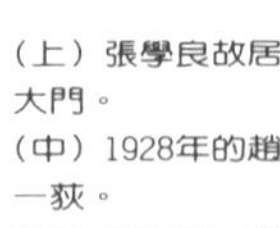

（上）張學良故居大門。
（中）1928年的趙一荻。
（下）1930年，張學良與趙一荻。

張學良故居。

在「剿共」中一天天消耗下去，打回東北老家去永遠是一個遙遠的夢。他的心在滴血。

1935年11月間，國民黨的四屆六中全會在南京召開，接著又召開了各種大會，張學良利用會議後的機會，又來到上海的小花園。

他首先會見了東北的老人李杜和杜重遠先生。李杜原先是吉林依蘭鎮守使，有兵權，「九・一八」的時候，他率領部隊沒有執行蔣介石的「不抵抗」命令，而是跟日本人拼死地打，最後外無援兵內無糧草，退到蘇聯邊境，從蘇聯繞道歐洲，再從歐洲來到上海。李杜與杜重遠都勸張學良絕不能再跟蔣介石「剿共」下去，而應跟西北軍楊虎成將軍和陝北紅軍聯合起來，走共同抗日的道路。這次與李杜將軍的會見，張學良還委託李杜將軍一件絕密的事情，即委託他在上海找到中共中央組織，他想與中共中央對話，那時他並不知道中共中央已到了陝北，還以為在上海呢。

李杜將軍很快與中共地下黨取得了聯繫，中共中央決定派富有統戰工作經驗的劉鼎前往張學良身邊。經過秘密的策劃，1936年3

月，劉鼎陪同馬海德、斯諾兩個美國人前往西安。張學良設法把馬海德和斯諾送往西安，而把劉鼎留在身邊，公開身份是張的英文秘書。劉鼎帶了一部電台，後來張學良與中共中央之間的諸多重要信息往來，都是透過劉鼎同志傳遞的，直至「西安事變」爆發。

張學良在上海期間，經過杜重遠先生的介紹，還會見過沈鈞儒、鄒韜奮、胡愈之、章乃器等救國會的人。他為了安全起見，還在霞飛路（淮海路）、善鐘路（常熟路）附近的恩培亞大廈裡（淮海大樓）租了一套頭等的房間，平時鎖著門，也不雇人，鑰匙在他自己口袋裡，專門會見重要的客人。與鄒韜奮的會見，就是在那兒進行的。

憶卿廳與荻苑

張學良將軍不常來上海，趙一荻小姐有時單獨居滬的時候，就由她的親朋好友們來陪伴，其中有陸靜嫣（北洋政府駐日公使陸宗輿的長女）、李蘭雲（北洋政府時期財政總長李思浩的二小姐）、吳靖（趙一荻六哥趙燕生的夫人）等等。趙四小姐的臥室，用的是一套西班牙式的家具，與小樓的建築風格正相適宜，臥室邊有精緻的小書房，陳列著一些常用之書。張學良與趙四小姐的兒子張閭琳，也曾在此住過。

解放以後，這座小樓成了「72家房客」，花園亦成為「萬國旗」飄揚的地方。近些年改革開放，市房管部門重新整修了這幢房子，修成了一座式的高級賓館，三樓保持張學良將軍當年臥室的原狀，樓下則增添了「憶卿廳」、「慕良廳」和「少帥廳」，並將花園命名為「荻苑」，寄託了人們對張將軍的崇敬之情。2001年去世的百歲將軍，應還記得他當年在上海度過的日子。

37

家有教堂的朱公館

盧灣區紹興路5號（現為上海市新聞出版局機關大樓）

紹興路5號那幢淡黃色的、略帶弧形的辦公大樓，現在是上海市出版局的機關。大樓外觀稍嫌呆板，除了頂樓屋簷下的花紋和大門口的絞絲形柱子，透出些西班牙建築的風味外，其餘別無「花頭」可言。一條不大不小的白色樓梯，從二樓伸出後直落草地，可知一樓是不太重要的場地，二樓才是主人的活動空間。

這幢房子解放以前是南市電車公司老闆朱某的住宅。老太爺是洋派人物，信天主教，而且要求全家人都入教。他有十幾個子女，有的從小就被送到法國教會學校讀書，回滬後在上海天主教會任職。他們家一到禮拜日，若是出去做禮拜，那必是一大群人，所以在1930年代造這幢房子的時候，就在自家的樓裡設了一個教堂，反正自己的兒子中就有神父。既然有了教堂，那麼與之相應的唱詩班、樂隊也就都配齊了。

朱家公館舊影。

這幢樓裡廳很多，

（左）朱公館。
（右）朱公館內的樓梯口。

除了教堂大廳外，還有大小十幾個客廳、餐廳、舞廳、活動廳，在其中服務的除了中西廚師、清潔工、奶娘，還有木工、電工、泥瓦匠、花匠、理髮匠等，爵士樂隊也有幾十個人，每到週末，樓上樓下都是年輕人的世界。每天晚飯的時候似是一天中最隆重的時候，朱氏全家子孫媳婦幾十個人在長方形的餐桌邊落座，每人身後都站著一個身穿白色工作衣的服務員，其派頭跟外國人一模一樣。他們講話也常用英語、法語，以至於有的孩子從小講英語，長大後反而不大會說中國話了。

這個家族解放後雲散四方，房子由國家接管，不少人「文革」中吃了大苦頭，被趕入汽車間。現在他們的後代大多在國外，又恢復了他們當年大房子裡的生活。

38 跑馬會董事馬立斯舊居

跑馬賺來的馬立斯花園

盧灣區瑞金二路118號1號樓（現為瑞金賓館1號樓）

英商馬立斯跑馬發橫財

瑞金二路西側一排鑲嵌著琉璃瓦的高牆之內，是一片占地面積達4.8萬平方米的大花園。園內綠草如茵，巨樟如蓋，各種花卉和紫藤架、葡萄架、灌木叢相間疊映，生機盎然。綠樹平疇之側，散落著小湖泊、噴水池、小橋亭閣和苗圃，雪白的小天使，就在萬綠

馬立斯花園1號樓。

小馬立斯。

叢中的噴泉上，翩翩起舞……

這座美麗而寬闊的大花園，原由3個獨立但相連的小花園組成，內有4座風格各異的歐式別墅，在1920年代初，這是英籍冒險家、跑馬總會的董事老馬立斯的兒子小馬立斯的花園。

老馬立斯在19世紀中期隻身來到中國，靠腦子靈活，在跑馬總會任職，並靠跑馬發了大財，廣置房地產，先後在外灘及跑馬廳（現人民廣場）附近大量「吃」進地皮，建造樓房。後來隨著市面的發展，這些地方很快都成了寸金之地，於是他在現在的黃陂北路、重慶北路、大沽路一帶，建造了許多里弄住宅，並且都用「馬」字頭命名，如馬德里、馬樂里、馬安里、馬吉里、馬立斯新村等，共計490餘幢房屋，以致後來人們把那一帶的地名統稱為「馬立斯」，其間還有一家「馬立斯菜場」。

現在外灘中山東一路17號的友邦大廈，過去曾是英文報紙《字林西報》的報館，後來馬立斯娶該報老闆壁克的女兒為妻，於1881年從岳母手裡接辦了《字林西報》，使他從一個跑馬起家的暴發戶，搖身一變為《字林西報》的董事長。1905年以後，老馬立斯因年邁體弱，把地產和報業交給他兩個兒子經營，本人挾鉅資回國，於1919年去世。

他的兒子小馬立斯於1920年代初，在金神父路（現瑞金二路）構建了這座屬於自己的大花園。4幢別墅建築面積達9855平方米，其中現在稱為1號樓的二層小樓為園中主樓，建築面積1335平方米。樓內飾有柚木木板、大理石地坪，紅磚外牆的轉角處另用水泥做加厚處理，北部門廊前還布置了噴泉、大理石雕塑及花壇，極盡豪華和奢侈。與眾不同的是，這座大花園的西側還有一組馬廄和狗棚，小馬立斯的嗜好酷似其父，喜歡跑馬，尤嗜跑狗。他的馬和狗都是花重金購入的「名牌貨」，馬廄和狗棚也造得很精緻，據說就是現在瑞金賓館醫務室所在的一組房子。

也許是馬立斯家族後期經營上的緣故，到了1924年，這組花園東北部三處房子被賣給了日本的三井財團，所以在很長的一段時間裡，上海市民又把這兒叫作「三井花園」。

美麗的花園成了大鴉片窩

1941年太平洋戰爭爆發，日本軍隊進入租界後，這座美麗的花園居然淪為一個販賣鴉片的機構。日本人松井在上海推行毒化政策，設立了一個名為慈善機構的「宏濟善堂」，宣揚什麼「善堂賣土」，聲稱以販賣鴉片籌集資金用來救濟災民等等。實際的操辦者是清末郵傳大臣盛宣懷的侄子盛文頤（又稱盛老三），倚仗日本人做後台，大發煙毒之財，成了上海灘上的「煙毒霸」。他把江南一帶的鴉片經銷權，又分包給同夥和幕僚藍芑蓀、嚴春堂等人，專銷上海、南京、蘇州、杭州等地，並與軍警勾結，雇流氓為打手，壟斷了上海及江南地區的煙毒市場。盛老三還是臭名昭著的「裕華鹽公司」的頭子，這個公司「統籌」整個淪陷區的食鹽買賣，亦是個「日進萬金」的壟斷性生意。鴉片與食鹽，一黑一白，盛老三全抓在手上，故又有「黑白大王」之稱。

盛老三把全家都搬進了三井花園，過著紙醉金迷的糜爛生活。他太太的首飾中有只重達28克拉的大鑽石，據說家中所用的煙具和痰盂，有的也是黃金鑄成的。

陳公博「除三害」擠走盛老三

盛老三的橫財發得過火了，引起了日偽內部的勾心鬥角。偽上海市市長陳公博對「宏濟善堂」的「油水」垂涎已久，三番五次要求日本軍部取消「宏濟善堂」，改由南京行政院另設禁煙機關辦理

其事。而日本軍方的楠本自己腰包塞足了，為保住自身的利益，就以「這是商人的機關，軍部無權干涉」為藉口，一再推拖。其實盛老三的煙土正是用日本軍車和輪船裝運的。厚利在手，豈能鬆手！於是陳公博發起「群眾運動」，叫林柏生策動「青少年團」走上街頭，示威大遊行，打出的口號是「除三害」，即除掉煙、賭、舞三項社會弊端。

（上）內廳。
（中）花園一角。
（下）噴泉。

當時煙、賭的危害性社會早有公認，舞場上的流風敗俗亦遭到指責，所以「除三害」一時頗得人心。而陳公博「醉翁之意不在酒」，我發不了財你盛老三也別想發下去。1943年12月27日，居然發動了6000多個青少年到偽市政府請願「除三害」，陳公博道貌岸然地出來接見，答應3個月之內禁絕煙賭，並向日方交涉，收回鴉片公賣之權。意在向日本施加壓力，趕走盛老三。

接著青少年們又分成兩路採取沒收行動，一路開到南市區，衝入「西園」、「綠寶」等大賭場，賭客紛紛望風而逃；另一路開到南京路，搗毀了「爵祿」、「大滬」等舞廳，嚇得全市舞廳一律停業。最後兩路人馬集合一處，焚毀了收繳來的煙具和賭具，在全市造成浩大的聲勢。與此同時，日本人內部也有開始揭發軍方利用海軍軍艦為「宏濟善堂」運鴉片的事情。到了1944年，盛老三終於被趕下台。

不久，日本人投降。國民黨接管了三井花園，成為國民黨中統黃仁霖主持的勵志社機關。盛老三作為漢奸被捕入獄，至全國解放仍然在押，最後死在提籃橋。

39 日本三井洋行舊址

三井花園停放鄧小平夫人棺材

盧灣區瑞金二路118號4號樓（現為瑞金賓館4號樓）

瑞金賓館東北角上的4號樓，在1930年代是日本三井洋行所在地，老上海稱之為三井花園。抗戰勝利時國民黨接收了這幢房子，作為三青團的團部機關，那時門牌為中正南二路114號，與隔壁馬立斯花園中間有小

（上）內景。（下）三井花園全景。

門相通。1946年2月，三青團舉辦黨團聯合擴大紀念週活動時，蔣介石還曾親臨此地訓過話。解放前夕是三青團的幼稚園。

1949年5月上海解放後，這兒與馬立斯花園同時成為華東局和上海市政府的第一個辦公處，後來成為幹部宿舍，1956年華東局撤銷後作為市委招待所，改革開放以後成為瑞金賓館的一部分。1960年春天，上海市委為配合《毛澤東選集》第4卷即將出版，組織了一幫「秀才」先期研讀，稱之為學習室，即落腳於此。那時「秀才」們都還年輕，業餘喜歡打乒乓。有一次學習室成員鄧偉志在撿球的時候，無意中洞開了一扇小門，裡面黑乎乎的像是儲藏室，仔細一看發現裡面停放著兩具棺材。鄧偉志膽大好奇，細看上面還有名字，一是蘇兆徵、另一是張錫瑗。大家知道蘇兆徵是老革命，而對張錫瑗就一無所知了。那時黨內許多事都要保密，而且不許多問。後來他趁學習室領導龐際雲一時高興時問起此事，龐才猶豫地說：「是鄧小平同志以前的夫人」，旋即緊跟一句「不許到外面去說！」「文革」中天下天亂，造反派硬說這兩個棺材中藏著槍，衝進院子要開棺，後經工作人員堅決抵制才未得逞。

「文革」後期這兩具棺材才在民政局的安排下，遷往龍華烈士陵園安葬。

三井花園側影。

40 法國總會舊址

藏匿法國「裸女」的花園飯店

盧灣區茂名南路58號（現為花園飯店）

上海法國總會故址（今花園飯店）。

位於茂名南路58號的花園飯店，是一幢在法國宮殿式老房子的基礎上建造起來的五星級賓館。這幢宮殿式的老房子就是老上海們所說的法國總會，是解放前法國人在上海辦的規模最大、層次最高的會員制俱樂部，與英國人的上海總會及美國人的花旗總會鼎足而三，被稱作上海的三大總會。

(上) 一樓東側大廳。
(中) 樓梯口。
(下) 舞廳的吊燈。
(右) 花園飯店全景。

這座當年法國人留在上海的最宏偉建築，建於1926年，屬於歐洲古典主義風格，面積6000平方米，當年內設游泳池、彈子房（撞球室）、舞廳、包房、更衣室、大餐廳等，室外有網球場。現在人們所能看到最具代表性的細節，是建築的東部和南部。順著那條精美的銅製樓梯欄杆拾級而上，可望見一組精美的浮雕，那是一組站在高高的廊柱上的法國裸女，通體潔白，悠閒而典雅，像是在採集，又像是在沐浴。這是「藏匿」在三合板後幾十年後才見天日的，現存上海的唯一一組裸女浮雕。

1950年代末，這兒成為市政府掌管的高級俱樂部，中共八屆七中全會在錦江飯店召開時，這兒亦是會議的場所之一。有關領導會前來視察，指出這浮雕是資產階

柱子上有名的「裸女」浮雕。

級的東西，要全部砸掉。當時錦江飯店總經理任百尊認為太可惜，就吩咐職工用三合板擋起來，外面飾以牆粉，把「裸女」們保護起來了，由此也躲過了十年浩劫之災。直到1990年中日合作開辦花園飯店，她們才得以重新露面，成了一道難得的景觀。

靜安・長寧舊夢

（左）小窗戶。
（右）湯恩伯舊居。

41 最後一任滬淞杭警備總司令湯恩伯舊宅

湯恩伯蒲園囚恩師陳儀

靜安區長樂路580號（現為民居）

長樂路上的蒲園是一處鬧中取靜的所在，其臨街的一幢西班牙花園洋房，是國民黨在大上海的最後一任滬淞杭警備總司令湯恩伯的住宅。

湯恩伯有個恩師叫陳儀，是孫傳芳在日本留學時的同學，回國後歷任國民黨福建省主席、行政院秘書長、台灣行政長官和浙江省主席等。湯恩伯是他的學生，而且是13歲時就被陳破格錄取的陸軍小學的學生，後來又受陳的栽培去日本留學，使他從一個潦倒的青年，變成了一個掌管幾十萬軍隊的統帥。解放戰爭中孟良崮一役，湯恩伯元氣大傷，但是蔣要他戴罪立功，不僅沒有把他一棍子打死，反而叫他到上海當司令，湯恩伯自是感激涕零，決心反

共到底。而此時陳儀接到李濟深的策反信後已決心投共，多次密信勸湯恩伯應當識大局，做好迎接解放軍進城的準備。陳儀認為湯是自己幾十年的老部下，兩人情同父子，湯一定會聽自己的話。在此同時，中共地下黨透過蔣介石的女婿陸久之（蔣介石與陳潔如之女陳瑤光丈夫）也潛入蒲園策反。可是湯恩伯表面上敷衍他們，內心十分矛盾。

有一天，蔣經國親自上門了，決定把他的家屬先接到台灣，以斬斷他的後路，又出示軍統截獲陳儀寫給他的密信。湯恩伯大吃一驚，於是決定犧牲恩師保自己。他把陳儀騙到住處時，陳儀還毫不覺察，直到不讓他出門才知已經上了當。後來陳儀被押到台灣審判，後被槍斃。在法庭上湯恩伯向他敬禮，他睬也不睬。幾十年過去了，這幢小樓現為一家公司的辦公處。

（上）陳儀一手提拔的湯恩伯。
（中）228事變當時的台灣行政長官陳儀。
（下）內廊。

42 藏書家潘宗周故居

藏寶之地：寶禮堂

靜安區長樂路666號（現為上海厚誠口腔醫院）

「上二子」袁克文登門售書解窘

長樂路上有一處很不起眼的獨立院落，雪松如蓋，玲瓏的小樓前，兩道合抱式露天樓梯，有如美人的雙臂，屋頂挑簷上密密的飾紋，微微透露出當年主人的意趣。這兒前些年一直作為上海市郵電系統的職工醫院，近些年又改為中日合資的牙科醫院而遠近知名。可是在半個多世紀以前，它的主人是一名上海灘有名的「大款」（富翁）——工部局（英美租界市政管理機關）總辦、廣東人潘明訓，這兒還是中國藏書界的一個「重鎮」——擁有一百多部宋元古版藏書的豪宅「寶禮堂」。

寶禮堂的第一位主人潘宗周（1867—1939），字明訓，廣東海南人，1919年到上海學生意，初在外商洋行裡當跑街，憑著人機靈能幹，又擅洋涇濱英語，不久當上買辦，後來充當了工部局總辦。他居滬20年，有藏書癖，尤其喜好宋元古版，一般明清刻本都不屑一顧。每遇善本，重資不吝，福州路上的書賈知其所好，常用包袱裹了舊書登門求售。他財大氣粗，又有洋人作後台，不怕書商來騙他，不數年，竟成國內屈指可數的宋版大戶之一。

他的藏本均經中國第一流的版本目錄學家徐森玉和張元濟先生鑒定過，其鎮庫之寶是得之於袁世凱的二公子袁克文（寒雲）的宋刊《禮記正義》。這部書係宋王朝南渡之後三山黃唐所刊，原藏山

（上）原上海工部局總辦寶禮堂主人潘明訓先生。
（下）寶禮堂第二代主人潘世茲先生晚年在上海。
（右）寶禮堂樓梯口。

東曲阜的孔府秘室，海內孤本，係孔府中傳世之寶，不知何時何故流到袁克文之手。寒雲向以「上二子」自居，亦喜藏書弄墨，自號為：「後百宋一廛」，每遇善本，輒題詩題記，鈐上「上第二子」紅印，以記鴻爪。題於這部《禮記正義》上的題詩，是為其一位女友而寫，情意真切，句句哀婉動人，可能是與之分手之作。袁世凱去世之後，揮霍成性的袁克文家境日窘，終於落到了靠變賣古物度日的境地。一日，他攜了這部《禮記正義》走訪潘府，言談之中，表示有意出讓。潘宗周見書大喜，即以10萬兩銀子成交，兩相情願，各自一番歡喜。

書到潘家，適值潘氏長樂路新居落成，因顏其居曰「寶禮堂」，此為寶禮堂名之由來。潘氏得書後又請來江南著名藏書家董康（誦芬）募工鋟刻，印了一百部，變一身為百身，使千百年來深藏秘府、外人不得一見的珍本秘籍得以公諸士林，甚得世人讚賞。從此之後，袁寒雲手裡的宋元古本、孤本、善本，十之六七便源源不斷地「流」向寶禮堂了。

潘宗周與陳清華的宋本「交易」

陳清華（1894—1978）是上海灘另一藏書大家，他是湖

寶禮堂現為厚誠口腔醫院。

南人，字澄中，曾任中國銀行的總稽核，與潘明訓是好朋友，嗜藏宋元古版的癖好亦與之同。因藏有宋版《荀子》，遂顏其居曰荀齋。

一天，陳清華又來寶禮堂串門，三句話沒說完，又問潘最近收到什麼書。於是潘從箱子裡拿出一部新獲得的《昌黎先生集》(世稱韓文）示陳。陳撫之大為感慨，因他手裡藏有一部宋版《柳河東集》(世稱柳文)，亦為南宋三山黃唐所刊，同樣也是流傳至今的人間孤本。於是陳氏發話說：「世人向以韓柳二人並稱，故韓柳二集理應並置一處為宜。倘若兩書分居兩處，能無失群之憾耶？鄙意兩書各作現大洋二萬元，或以柳文歸君，或以韓文歸我，胥以二萬元償其值，未知尊意如何。」潘宗周沈吟良久，深感陳氏言之有理，心裡欲得柳文，又因建造新居所費甚鉅，於是喟然歎曰：「予目前手頭

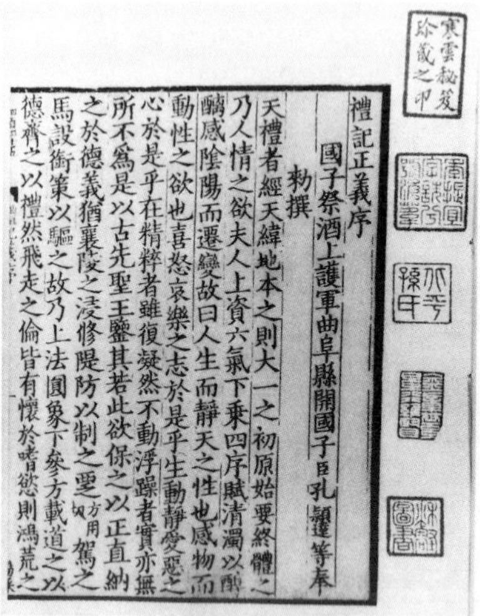
禮記正義序
國子祭酒上護軍曲阜縣開國子臣孔穎達等奉
勑撰
夫禮者經天緯地本之則大一之初原始要終體之
乃人情之欲夫人上資六氣下乘四序賦清濁以醇
醨感陰陽而遷變故曰人生而靜天之性也感物而
動性之欲也喜怒哀樂之志於是乎生動靜愛惡之
心於是乎在精粹者雖復凝然不動浮躁者實亦無
所不為是以古先聖王鑒其若此欲保之以正直納
之於德義猶襄陵之浸修隄防以制之覂方用切駕之
馬設銜策以驅之故乃上法圓象下參方載道之以
德齊之以禮然飛走之倫皆有懷於嗜慾則鴻荒之

寶禮堂藏宋版《禮記正義》書影。

拮据，實無力更得柳文。君既有此議，又屬朋好，君其取韓文而有之矣。」於是，曠世之寶孤本宋版《昌黎先生集》遂從寶禮堂散出，入歸荀齋之樓矣。

解放前夕，陳清華家人輾轉抵達香港，離滬時攜去珍籍數十種，亦包括此部韓文。直到1965年，陳氏決定出售他的藏書，包括數十種極為珍貴的宋拓名碑拓本。後由徐森玉先生的兒子徐伯郊先生往返奔走，代表國家將此大宗國寶收歸國有，入藏北京圖書館。周恩來總理還親自過問，可見受重視如此。陳氏離滬後，上海寓所藏書由其女兒陳國瑛及女婿劉吉敖（上海財經大學教授）保存，亦不乏宋元古本，十年內亂中不幸被抄走，1980年發還時，由陳氏後人捐獻國家，現藏上海圖書館。

一艘英軍艦載書赴港

1941年太平洋戰爭爆發前夕，上海將很快淪為孤島，此時潘宗周已經去世，寶禮堂內多達111部的宋元古本藏書由其子潘世茲先生繼承。

潘先生曾留學美國，回國後在聖約翰大學擔任教授，他深恐這宗國寶落入日寇之手，於是與英國在滬的亞洲文會組織聯繫，請他們設法將書轉移到安全的地方。英方人員中確也有些「中國通」，他們明白這宗藏書的歷史價值和文物價值，居然派出一艘英國軍艦，專程載上國寶駛往香港，上岸後用專車直接送往匯豐銀行保險庫。一切安置得極為謹慎、周密。誰知這一存放竟達10年之久。這期間，美國人和日本人曾多次設法高價收購這批藏書，美國文物收藏家侯士泰最為活躍，他攜帶大量美元到香港，不時地穿梭於香港和美國之間，到處探訪從大陸赴港避難的故家舊族子弟手中的藏品。可是潘世茲先生始終不為所動，寧肯每年支付匯豐銀行高昂的銀庫租金，一直到全國解放。

潘世茲捐書青史留名

1951年，潘世茲從香港致函國家文物局局長鄭振鐸先生，主動提出將寶禮堂藏書全部捐給中華人民共和國，並談到眼下尚無精於此道的人幫助辦理捐獻事宜。鄭振鐸是個文物迷，接信後極為興奮。當時國家已注意到了大批滯留香港的文物，隨時都有飄泊海外的危險，並已決定撥出鉅款派員前去收購。周總理還專門批示道：「必須購買有歷史價值的文物，不得買古玩。」恰巧此時徐森玉先生的長子徐伯郊先生由港來京。徐先生在香港一家銀行供職，亦是位著名的文物收藏家和鑒賞家，而且與諸多藏家都熟悉，於是政務院委託他在香港與潘先生取得聯繫，並且具體辦理有關寶禮堂藏書的捐獻事宜。後經徐伯郊先生聯繫辦理，此大宗瑰寶終於安全抵達上海，中有宋版書104部，元版書7部，政務院又特批了專列直送北京，入藏北京圖書館善本室，大大豐富了該館的館藏。1958年北京圖書館編輯出版善本目錄，特將寶禮堂所捐書條目下注明「潘捐」二字，以示其功績不沒。

解放初潘世茲先生回到上海，捐書後又把寶禮堂住宅捐給國家，改作郵電醫院，自己住在湖南路一處花園洋房的底層。潘先生晚年十分孤寂，妻子和兒子均先後出國。他中風後一切生活均由保姆料理，在這種情況下，他仍以堅強的毅力完成了《三字經》的英譯工作，向世界介紹源遠流長的中國文化。該書在新加坡出版後，被李光耀親定為新加坡兒童的必讀書，還被聯合國教科文組織定為世界兒童品德修養的必讀書。1988年，他的名字被收入美國版《世界名人錄》，而在寶禮堂舊址中，現已無人知道他的名字了。

[4][3] 合眾圖書館舊址

胡適在大陸的最後居所

靜安區長樂路746號（現為上海圖書館分部）

（左上）胡適先生。
（左下）晚年的顧廷龍先生。
（右上）上海合衆圖書館舊影。
（右下）上海合衆圖書館已成為上海圖書館的分部。

1949年3月下旬，還掛著北京大學校長頭銜的胡適從南京匆匆趕到了上海。他將在上海登船赴美，從此離開大陸。這個時候的形勢，是胡適原先無論如何也想不到的——三大戰役已結束；北平已和平解放；一身土軍裝的中共中央和人民解放軍的統帥們，已從山溝進駐中南海；國民黨中央黨部已遷往廣州辦公；孫科內閣總辭職；中國人民解放軍正大批集結長江北岸，時時準備「打過長江去，解放全中國」……更令他心驚的是，他的名字也上了戰犯的名單。他猜想，共產黨不會饒過他，三十六計，走為上策，因此在前數日於南京中研院召開的北大50周年校慶會議上，他泣不成聲：「我是一個棄職的逃兵，實在沒有面子再在這裡說話……」

他在上海早已沒有固定的住所，老朋友不少，但老朋友多半在高校任職，有不少早已出國了，眼下高校裡學潮不斷，學生天天上街遊行，反饑餓、反迫害，哪裡是個安全的地方呢？胡適的確聰明，居然給他找到了一個真正的世外桃源，那就是由葉景葵、張元濟、陳叔通先生創辦的，由著名學者、版本目錄學家顧廷龍先生主持的合眾圖書館。

流散的中國典籍好歸宿

合眾圖書館的館舍座落在長樂路、富民路路口，是幢四層現代式樓房。由於占了一個街口，位於中央的主樓略高一頭，庫房則沿長樂路和富民路向兩側伸開。整個建設毫無奢華之處，儘管它的創辦人都是大銀行家、大實業家（葉景葵先生出掌浙江興業銀行董事長達30年；張元濟先生是中國最大的出版機構商務印書館的老闆；陳叔通先生也是著名實業家，是商務印書館的董事，也曾當過浙江興業銀行的董事長），但他們務實、愛國、重視傳統文化的品性是一致的。所以在1939年，租界裡尚有一席安寧時，他們三個好友出地出資出書，創辦了這個圖書館，以期為抗戰中流散的中國典籍營造一個歸宿，也為天下讀書人，提供一個靜心研習的地方。

至於這個圖書館的經辦人，他們選擇了北京燕京大學圖書館的顧廷龍先生。顧廷龍出生於蘇州的書香世家，父親是位國學根基極深的教書先生。比他小11歲的侄子顧頡剛是著名的歷史學家和古文字學家。當時顧廷龍在燕京大學研究院國文部畢業後，正在燕大圖書館任職。他接到葉景葵先生的邀請信後，毅然放棄燕大優厚的待遇，南下上海參與創辦合眾圖書館，時間是1939年7月。那時的「合眾圖書館」，除了房屋已租定外，實際上還「空無一人，空無一物」呢。

文化人的探驪之所

後來在顧廷龍的主持下，這個圖書館果真成了一個繼東方圖書館之後，又一個文化人的探驪之所，會聚了大量江南藏書世家的藏書，吸引了眾多學者，常常來看書的有章鴻釗、秉志、林志鈞、劉恆、錢鍾書、馬敘倫、李平心、馮其庸、蔡尚志，胡適也曾慕名而來。

其實顧廷龍與胡適在北大時就認識了，那時顧是學生，胡是大教授，他聽過胡適的講演。記得那次胡適的開場白極為風趣，說「我今天的題目是『往何處去？』我的名字『胡適之』三個字即為『往何處去』的意思。」後來在一次宴會上，他們正好坐在一起，交談中胡適得知顧廷龍正在編寫《吳大澂年譜》，認為很有意義，立即告訴他如今還有誰家仍收藏著吳氏的信劄，在哪裡能找到更多的相關資料，因為吳大澂出任廣東巡撫時，胡適的父親正是隨吳前往的門生。胡還告訴他在北京的住址，以後可去家裡談談。

可是等顧到了胡家時，胡家的客廳裡，沿牆一圈全坐滿等待「接見」的人，其中有文人、學生、當官的、當差的，也有和尚、道士和清末遺老，胡適只能每人談五分鐘，五分鐘一到即刻「next」。據美籍華人著名學者、胡適的最後一個入門弟子唐德剛先生說，當初毛澤東也是排隊等待「接見」的人之一。可惜毛的湖南話胡適不大聽得懂，以致沒談幾句，五分鐘就到了。顧廷龍也只能「享受」五分鐘，後來就沒再去。可是那五分鐘的印象很深，說他家的客廳簡直像醫院門診部。

亂世鑽研《水經注》

到了1946年，胡適卻來找顧廷龍了。原來他從美國回國之後，正埋頭酈道元《水經注》的考證工作，需要查閱各種版本。葉景葵先生素好考證之學，告以他本人收藏的全祖望《重校水經注》稿本，就收藏在合眾圖書館裡，胡適非常高興，隨葉來館，一見是顧廷龍在管事，就更高興了，順手把顧也拉入了他的「酈」學考證圈。胡適從此常有信來，與之討論酈學，一考就是好幾年，有的信達七、八頁紙。這些信「文革」後顧老拿出來發表了。

1949年初，蔣家王朝已危在旦夕，胡適像是被解放軍的炮聲震醒了。他在給顧的最後一長信的末尾，不無苦澀地歎曰：「外面已是翻天覆地了，我們竟還在討論《水經注》！」顧廷龍是版本目錄學家，自然喜歡胡適這種「書蟲」式的考證精神，對他那「大膽設想，小心求證」的主張極為讚賞，所以在他到滬「居無所」的時候，仍舊接待了他。於是，胡適在離開大陸的最後十幾天裡，就住在合眾圖書館裡。外面的一切似乎充耳不聞，依舊一頭鑽進了他的《水經注》考證工作。

1949年4月9日，胡適從上海登上「威爾遜總統號」輪船，帶著他所能帶走的大宗「酈卷」前往美國。臨走時書寫了一張扇面贈送顧廷龍夫婦，寫的是杜甫的一首詩：「崢嶸赤雲西，日腳下平地。柴門鳥雀噪，歸客千里至。妻孥怪我在，驚定還拭淚。世亂遭飄蕩，生還偶然遂。鄰人滿牆頭，感歎亦噓欷。夜闌更秉燭，相對如夢寐。」表達了他依依不捨，又萬般無奈的亂世情懷。

44 房地產鉅商周湘雲舊宅

博物館般的周湘雲故居

靜安區青海路44號（現為岳陽醫院青海路門診部）

三個窮兄弟，闖蕩上海灘

位於青海路44號的岳陽醫院青海路門診部，座落在一處幽靜典雅的花園裡。花園裡除了小橋流水、曲徑山石之外，還有幾棵古木尤為引人注目：一棵是百年古藤，歷經滄桑仍蜿蜒遒勁，另兩棵是百年香樟，粗壯挺拔，濃蔭蔽天，樹幹上懸著市園林部門保護古樹的說明

（左）周家花園裡濃蔭蔽日的古藤。
（右）周湘雲故居遠眺。

牌和古樹編號，為這座花園增添了幾分古意。

這座花園住宅建於1936年，不僅花園別致，住宅亦很新潮，風格上與別的花園大不相同。花園是中式的，花木扶疏而無大草坪，但住宅卻是地道的西洋風格，不僅由洋行設計、洋行建造，採用了大量進口材料，而且內部設施極為現代化——在當時電梯尚不普及的情況下，一幢只有3層樓的住宅居然也裝上電梯，而且一直通到房頂。人們可以乘電梯直達3層樓頂上的一個小房間，接著步入寬大的平台遠眺四方，這在當時的花園住宅中是絕無僅有的，就是現在亦屬鳳毛麟角。由於房屋的主人是上海灘數得出的大富翁，設計者在室內還設計了3個極為隱蔽的保險庫。為了方便和衛生，不僅馬桶是抽水馬桶，就連痰盂亦是抽水痰盂。院子門房間與樓內聯絡，也早早地用上電動報話機……這在當時的上海灘，都是極為稀罕的玩藝兒。

花園當年的主人是上海灘著名的房地產鉅商、寧波人周湘雲。周湘雲的祖居是在寧波市月湖西岸的一組明清老屋（現為寧波市兒童公園）。從周湘雲的父親一代起，他們乘上了「鴨蛋船」，飄到上海來謀生。

周湘雲的父輩有兄弟三人，老大周詠春、老二周文濤、老三周蓮塘，當時他們家道中落，過著「一只鹹鴨蛋，要『過』三頓飯」的貧苦日子，可是他們靠著勤儉、好學和聰明才智，很快顯露了頭角，在上海這塊冒險家的樂土上，各自開拓了一片馳騁的天地。

老大周詠春到滬幾年後，從上海遠走武漢經商，成了漢口德商禪臣洋行的買辦、漢口商會的會長、寧波同鄉會的會長，聲譽卓著。老二周文濤憑著幾句在外灘一帶學會的洋涇濱英語，做起了「挑打」生意，就是肩挑著裝有錢幣的貨擔，向外國水手兌換錢幣，後來發展到自己開店，成為棋盤街一帶屈指可數的大老闆之一，先後開辦了30多家商店。老三周蓮塘更為突出，從一個包作頭（營造業的包工頭）一躍而為房地產鉅商，此即周湘雲的父親。

周蓮塘到滬不久即如二哥那樣，學會了幾句洋涇濱英語，學著跟洋人打交道。由於他為人忠厚老實，辦事勤勉，很快得到了一位外國傳教士的賞識。後來外國人在滬購買房地產時，有關買賣、營造、改建一類的業務，就委託他去經理，與此同時，他趁機做些小規模的房地產經營，買進了若干舊房基地。後來，租界畸形發展，外灘、江西中路一帶地皮逐年升值，房地產經營者成倍地獲利，周蓮塘遂成鉅富。

飛速崛起的地皮大王

周家到周湘雲接管家業時，已號稱擁有500萬家產，成為寧波旅滬人士中首屈一指的富商。後來由於時局的影響，湧入租界的人口逐年增多，租界裡的地皮價格持續上升，使周家的產業從抗戰前的1000萬，驟升到抗戰初期的5000萬；到他1943年去世時，全部房地產已達到8000萬，名列工部局華人納稅人的第5名，略次於另一房地產商、永泰和煙行的老闆鄭某。

過去公共租界的工部局只徵地皮稅，通稱「地價稅」，並不包括地上建築物在內，而地價稅是按地段的好壞分級別訂出的。舊上海以外灘及南京東路一帶為黃金地段，素有「寸金之地」之稱，而周家竟擁有南京東路與九江路之間、西至西藏路、東至雲南路的一大方塊土地，即不久前拆掉的中百一店對面的大慶里。

此外，尚有延安東路江西中路轉角的吉慶里、河南中路一帶的街面房屋、天潼路的寶慶里、恆慶里、恆吉坊、牛莊路的福慶里、湖北路的吉慶坊、山海關路上的和慶里、新閘路上的肇慶里、河南北路的富慶里……以及南京四路806號（由周湘雲的胞弟周純卿居住，解放後成為靜安區少年宮，近年已拆掉）和青海路44號兩處自家住宅，均為豪華型的花園洋房。同時在延安中路和華山路上，還有兩處兩兄弟的私人花園，各占地40畝。延安中路1101號的花園叫「學圃」，歸周湘雲，後來闢出一半土地建造了景華新村，正門開在巨鹿路；另外一半花園，解放以後國家在其上建造了延安飯店。華山路上的花園為純卿所有，後來賣給了虞洽卿的兒子，更名為「蕊園」，現屬華山醫院的一部分，而老上海們仍習慣稱為周家花園。

古木參天與懷古情結

周湘雲舊居的古木與他歷來的懷古情結是分不開的。儘管他居住在如此現代化的洋房裡，但骨子裡對大清王朝和傳統文化，還是極為懷戀的。

清朝末年，他曾花4萬兩銀子向朝廷「捐」了一個「上海即補道」的官銜。「上海道」相當於上海市長，「即補道」是「候補道」中最高的級別，按例是有缺即補，然而真正能「補」上的機會是很少的。

光緒帝「駕崩」之後，周湘雲還親自去崇陵（光緒陵寢）種樹，又捐了一大筆錢報效清王室，據說他因此又破例官升一級，升到二品大官（虛銜），於是「大紅頂子」官服就到手了。道台一銜又稱「觀察」，周湘雲後來自號「雪盦」，因他小名阿杏，杏花盛開如

周湘雲故居。

雪，故以「雪盦」為號，從此，上海灘地產界及海內外玩古董的行家們，莫不知「雪盦觀察」其人了。至於那套「大紅頂子」官服，除了有時逢場作戲穿戴一番外，平時壓在箱底，還多次借給英商哈同穿戴過，時間久了就成為歷史遺物。

射手周昌善死裡逃生

周湘雲只有一個兒子，叫周昌善，是工部局經辦的萬國商團的團員，人長得非常威武，騎馬養狗打槍，樣樣在行，尤其槍法極好，擒拿格鬥身手不凡。他的這身好武藝，還曾救過他一命。

原來，周家發了大財之後，周昌善就成了綁匪們襲擊的目標。一天昌善在街上溜達，冷不防從路邊竄出幾條大漢，不由分說地把他頭一蒙，嘴一堵，隨即塞入一輛轎車，駛往郊區。周昌善雖然人高馬大，但無心理準備，一時被打昏了頭。當他清醒過來時，人已被帶到江灣一處水田裡。他謊稱要解手，趁綁匪疏忽之機，猛地衝上前去，對著幾個綁匪一陣拳擊，把他們打倒在地，又順勢滾入一道田溝，沿溝飛奔而逃。綁匪追了一陣沒追上，只得作罷，周昌善肩膀上挨了一槍，忍著劇痛，逃了回來。

文物收藏的大聚大散

周湘雲向以經營房地產出名，殊不知他還是一位大收藏家，住宅也曾是一座小型的精品博物館，收藏著數百件三代青銅器、歷代著名的字畫以及瓷器、田黃石章、古碑拓帖等。

青銅器藏品中有很多阮芸台（元）、曹秋舫（載奎）、吳平齋（雲）的舊藏。如西周器齊侯罍，原為曹秋舫舊藏，後歸吳平齋，吳築「抱罍軒」收藏此器，何紹基為之書匾額，後來吳氏又獲得一只，故改其居曰「兩罍軒」，仍由何紹基題額。周湘雲花了兩萬兩銀子從吳平齋手中買下一只，一時傳為海上豪舉。另有阮元家的「家廟四器」，均為收藏有序的青銅精品。碑帖收藏中最負盛名的是唐代虞世南的《汝南公主墓誌銘》、唐代懷素的《苦筍帖》、宋米芾的《向太后輓辭》、宋趙子固手卷、元代耶律文正王手卷、元代鮮于伯機手卷、元代趙孟頫手卷、明董其昌臨淳化閣帖10卷等，多為當年兩江總督端方的舊藏。古畫則有元黃公望的富春大嶺殘卷，元王蒙的春山讀易圖、明文徵明的湘君湘夫人圖等，至於四王吳惲之下，石濤、冬心、新羅之作，更是難以枚計。

周家小姐周亦玲。

解放後，這些藏品陸續散去，最重要的藏品都入歸國家博物館，由文物界一代宗師徐森玉先生親自鑒定收購。齊侯罍和《苦筍帖》歸上海博物館；米芾的《向太后輓辭》及文徵明的湘君湘夫人圖歸故宮博物院。藏品全部散盡之後，家中曾保留一份完整的目錄，可惜在「文革」中已化為灰燼。

1950年，這座花園由國家租用，每月租金3500個折實單位，由華東局外貿部機關承租，周家後人遷往常熟路和巨鹿路。數年後，華東局外貿部遷往新址，這兒就成為岳陽醫院第五門診部，後改為岳陽醫院青海路門診部至今。

45

有蛇有虎的邱家花園

靜安區威海路412號（現為上海民立中學）

梁山好漢的後代闖蕩上海灘

威海路石門路轉角處，現在是高高低低的街面房子擠作一團，各式各樣的大小商店和門口的車水馬龍，把不寬的街道弄得格外逼仄。可是當你黃昏時分在街頭溜達，一股穿校服的中學生人流從身邊湧過時，你偶爾舉目，把目光伸向那人流的源頭，就會驚訝地發現，原來那兒「隱居」著一幢古堡式的建築，渾身掛滿了不知什

西側大門。

麼年頭就枯萎了的爬牆虎，雖然東西兩頭的「堡壘」有些一高一低，而正中「山門」上精美的雕花，以及半人多高的石頭台基，都放射出一股中世紀武士的威儀……噢，這下你明白了，那些擁擠的小店只是古堡的外延，古堡才是這塊土地的中心。

一個偶然的機會，我找到了這兒當年主人的後代，方知屬於外延的「裙房」原先是一片大花園，一家小店也沒有，而且在20世紀初時，還是山東梁山好漢的後代南下後，落腳上海灘的養虎、養蛇之地。

古堡最早的主人本姓邱，前輩是山東微山湖上的打漁人，祖先是梁山泊的綠林好漢，到了19世紀末，邱倍山、邱渭卿兄弟為生活所迫，南下謀生。先是到了揚州，做點小生意，後來經人介紹，來到上海灘闖蕩，進入一個德國人辦的「德和號」顏料商行打工。適逢第一次世界大戰爆發，德國人已無心思在中國做生意，那時德國錢又不值錢，於是把庫存的顏料以很低的價錢賣給邱氏兄弟。不久，受戰爭影響，中外海上運輸中斷，而上海的印染廠家早已「吃」慣了德國顏料，求貨如渴，這樣一來，邱氏兄弟手裡的進口顏料一夜間身價百倍，一下子成了大富翁，躋身於上海灘四大顏料商之列，造威海路古堡式房子就有錢了。

花園生活依舊綠林意趣

邱氏兄弟很快與親友合夥辦起了自己的顏料號，後來叫「廣大沅」顏料號，又在跑馬場附近買了10畝地，建造新居，同時在大西路（延安路）等地段購置了大批房地產，從事多種經營。

俗話說「一方水土養一方人」，梁山好漢的後代似乎總也忘不了他們的山林。邱家兒孫們十分成功地繼承了家族的「綠林細胞」，不僅在生意上講信用、講義氣，凡事都要「憑憑良心」，生活環境也盡可能地貼近自然，呼吸山林的氣息。於是威海路的住宅前就出現了一片花園，「古堡」一式兩份，兩兄弟一人一幢，兩幢樓

中間亦有花園相隔，其中一幢解放後被拆掉了，剩下的一幢即為現在的民立中學。

與眾不同的是，邱家子孫到了1930年代和40年代初，仍在花園中養虎養蛇。花園中還闢有一泓池水，內中有鱷魚、穿山甲，池岸又有鴿棚，前後養過2000多隻鴿子，每天清晨鴿子出籠的時候，在威海路上空呼拉拉地一大片，天空也被遮去一半。邱家長房第三代長孫還參加市裡的信鴿協會，在一次比賽中捧過大獎。

（左）邱家老宅現為民立中學。
（右）北側後門。

邱家在滬生活過的前三代人都會騎馬，他們在大西路買下一處園林，養了十幾匹馬。他們不像那些洋大人，養馬為了賽馬賭錢，他們養馬專為自己騎射之用，有時還牽馬外出打獵，重溫他們山林生活的祖風。這在上海灘無以計數的商人當中，恐怕是絕無僅有的吧。

賊骨頭翻牆而入拿的全是假貨

人云樹大招風，邱家的豪門巨邸竟兩次招來了賊骨頭。有一次，兩個強盜從隔壁的大中里翻牆而入，用槍把邱家二房的兒媳婦逼入內室，逼她交出保險箱的鑰匙。可巧，邱家為了嫁女，請珠寶商送來一批首飾的樣品，五顏六色，璀璨奪目，「賣相」雖好，因為樣品而實質為假料。於是邱家兒媳順從地打開一只保險箱，任強盜把假貨全部摟走。強盜認為藏在保險箱裡的東西總是真的，未及細看就匆匆滾蛋了。

可是第二次來的強盜「門檻」就精了。此時，邱家在一般房間裡不放保險箱，而把一間密室改造成金庫，只有當家人知道，其他人都搞不清在什麼地方，直到現在邱家後代亦講不清金庫的確切位置。強盜闖進門後找不見保險箱，就把餐廳裡客廳裡的字畫、小件青銅器和珍貴的古瓷一樣樣地裝走，這些東西雖不是現錢，卻是無價之寶，邱家為此傷透了腦筋。

奇怪的是兩次遭搶時，都是男主人不在家的時候，而且當時前後樓中雇傭的五、六十個傭人，也都不知到什麼地方去了，大概是院子太大，來不及招呼吧？但無論如何，這片「山林」是無法住下去了。

「八・一三」戰後迎來了民立中學

1937年「八・一三」淞滬戰火中，上海著名的中學民立中學的校址，被日軍炮火夷為平地。該校一度租地豐路（今烏魯木齊北路）民房上課，由於學校極負名望，教師陣容亦強大，詞曲泰斗吳梅、南社前輩莊翔聲、山水畫家姚敘平、徐悲鴻的外舅蔣梅笙、小說翻譯家李常覺等，都曾在該校任教，要求來校就讀的學生年年遞增，原有的校舍不敷使用，只好另謀校址。正值邱家亦想把房子出租，已在陝西南路另造了小巧玲瓏、便於管理的新居，於是在1940年之後，威海路的房子就租給民立中學作新校舍，而那些花園裡的老虎、蟒蛇、金雞，從此也散了夥，送的送，賣的賣，各奔前程，只有那2000隻鴿子最可憐，有不少被捉來殺了吃。

邱家後人對教育界向來有好感，不僅老房子租給民立中學，解放初還把陝西南路的房子租給一所小學。邱家長房第三代邱鑄新結婚時的證婚人，是母校光華中學的校長廖世承先生，師生間關係很好，為這個商業家庭融入不少文化氣息。

周式瑩笑談「煤屋生活」

解放後公私合營，邱家拿定息，威海路的老房子成為國家財產，繼續歸民立中學使用。

1960年代樓頭失火，把房子東頭的「堡壘」燒掉了一只角，學校努力修復，結果又高了一大塊，索性就勢在上面搭建了一間小屋，利用率是提高了，但房子的平衡和對稱美卻破壞了。現在樓的底層早已改成教工食堂，而且是個很不整潔的教工食堂。除了少數窗格上還殘留著雕花的飾紋，原先邱家客廳的豪華氣韻早已蕩然無存。週末，來校打球的同學不少，有些老師就在底樓高高的台基上擺開架式玩撲克牌，陽光下他們笑得很開心。

與此同時，筆者正在跟邱家的第三代、大房的孫媳婦、83歲的周式瑩老太太在陝西南路聊天，她兩個兒子非常孝敬地侍奉左右。老太太是當年江南首富、大鹽商周扶九的後代，其父又是大慈善家周紫珊，她原是周家最小的女兒四小姐，最最得寵，嫁到邱家時僅門包（花轎進門時給門人們分發的紅包）就是一萬塊錢，一房人用了7個保姆……我心裡嘀咕，像這樣一位千金小姐，「文革」中該怎麼過？那粉嫩的臉蛋，經得起淚雨的沖刷嗎？

果然，老人很快講到了「文革」，她的一家如何被人趕出自己的家門，成套的「毛全泰」品牌、嵌有玉石的紅木家具如何被造反派搬上卡車，她如何賣賣當當維持一家過日子；住在什麼地方呢？那是間原先放煤餅只有6個平方米的煤屋……然而老人仍是笑嘻嘻地對我說話，覺得司空見慣、無啥稀奇了，像是在講一個古老的傳說，所有的苦難都在她美麗的眼角消失了……最後輪到筆者講話了，我卻語無倫次起來，總覺得有一部電視劇在胸中湧動。現在在球場上打球的孩子們哪裡會知道，他們投籃的地方，曾是當年的虎嘯之地？

46

影響半個中國的宋家花園

靜安區陝西北路369號（現為中福會老幹部活動室）

（左）宋家花園。
（右）宋慶齡（中）、宋靄齡（左）、宋美齡（右）。

倪太夫人的頤養之地

陝西北路、北京西路附近有一處高牆深院，終日不常有人走動，熟悉這兒掌故的人有的稱為宋家花園，有的稱它369號（陝西北路369號）。別看它現在門庭冷落，小院清清，當年可不得了，進出的全是民國史上有臉有面的人物，某種程度說，這是一座影響了半個中國的花園。

這處房子原是一個外國人的別墅，建於1908年，主人名叫約翰遜・伊索。1918年5月，被譽為「沒有加冕的宋家王朝的領袖」的宋耀如先生在上海去世，夫人倪太夫人就移居於此，從而給這個花園帶來將近一個世紀的傳奇故事。倪太夫人的臥室在二樓正中，是整座小樓最好的房間，不僅陽光充足，冬暖夏涼，而且屋外有一寬敞的陽台，春暖花開的日子裡，足不出戶，即可領略滿園的春色。倪太夫人臥室的左側是宋美齡的閨房，另有兩間是宋子安和宋子良的臥室。其他的宋家兒女當時都已成家，宋靄齡住西愛咸斯

路（今永嘉路）、宋慶齡住莫里哀路（今香山路）、宋子文則住祁齊路（今岳陽路），他們姊弟三人常在假日看望母親和弟妹。老太太望著自己當年膝下的小兒小女，一個個都不知不覺地長成了一方名流，心中自是欣慰。

1931年7月，倪太夫人在青島避暑時不幸病逝，遺體運回上海宋家花園，並在花園中舉行了隆重的宗教告別儀式。遠在德國的宋慶齡接到噩耗，日夜兼程趕回上海，為母親送行。國民政府特發布命令，褒揚這位偉大母親的懿德，每天前來致祭的親友、國民政府政要和社會各界知名人士絡繹不絕。蔣介石原本準備派上海市市長張群代他參加祭典，但宋美齡不答應，一定要他親自前來，蔣介石只得趕回上海，參加了在萬國公墓禮堂舉行的葬禮。

舊情人吃醋　宋美齡失蹤

1927年初，北伐軍打到了上海。已登上「北伐軍總司令」寶座的蔣介石，正式向宋美齡求婚，這在宋家引起一場軒然大波，兄妹間意見截然不同。宋靄齡認為這門婚事是天賜良緣，不應錯過，蔣介石「前途無量」，可為宋家爭光，所以極力促成這門親事。宋慶齡、宋子文都持反對態度，宋母倪太夫人也反對這門婚事，理由是蔣介石結過婚，而且不是基督教徒。這樣，蔣介石就得抓緊向倪太夫人進行「攻心戰術」，表示他可以嘗試成為基督教徒，而且以前的婚約可以解除。幾年後，蔣還是贏得了倪太夫人的歡心，使老人家接受了蔣送給宋美齡的訂婚戒指，並回送蔣介石一部《聖經》。正在蔣宋聯姻即將告成的時候，突然有一天，這場聯姻的主角之一宋美齡卻失蹤了！

這年夏季的一天，宋美齡早晨離家後，一直到深夜都未回家，家人到處打電話，誰都不見她的影子，倪太夫人急得團團轉，宋子文、宋靄齡、虞洽卿也先後趕來，只好打電話給在南京的蔣介石和孔祥熙。

與眾人不同的是，這場聯姻的另一主角蔣介石倒是比較冷靜，他一下子猜準了是誰在搗蛋。只見他皺著眉頭，往下吩咐了幾句，無可奈何地歎了口氣，沒過多久，宋美齡就被安全地送回來了，大家謝天謝地，都說是虛驚一場。

原來是宋美齡的舊情人劉紀文在吃醋。你蔣介石把宋美齡從我手中「挖」走，就不明不白地算了事了？沒那麼便宜！老子給你點顏色瞧瞧！於是劉出重金買通了蔣介石的死對頭、「暗殺大王」王亞樵，把宋美齡劫持了，關在離宋家花園近在咫尺的滄州飯店（今南京西路、陝西路口，已拆），條件是弄個南京市市長的位子坐坐。蔣介石不想把事情弄大不好收拾，只好先口頭應諾，日後再發表任命。第二年，劉紀文果然當上南京市市長。

「中國人的一個顯赫典禮」

1927年12月1日，蔣介石夢想了五年的「蔣宋聯姻」始告成真。因宋美齡是基督教徒，得先舉行一次宗教婚禮，再舉行一次世俗婚禮。當天上海的《申報》刊出了兩則消息，一是蔣宋聯姻，二是蔣介石的離婚聲明，聲明中說：「毛氏髮妻，早經仳離。姚陳二妾，本無契約。」其他各報亦以大量篇幅予以報導，其中《時報》的刊文說：「這是近年來的一次輝煌盛舉，也是中國人的一個顯赫典禮。這次婚姻使得南京軍隊過去最有力的領導人和新娘哥哥宋子文博士的家庭以及國民黨創始人、已故孫中山博士的家庭結成了一體。」儘管蔣介石在接受記者採訪時說：「余求婚於宋女士多年，但未作政治關係之想。」宋美齡也表示：「婚姻之事，不過以感情為動機，不必有其他解說，此乃為彼之友者所應知也。至於所謂政

（上）鋼琴依舊。
（中）客廳一角。
（下）故居的壁爐。
（右）車庫和後門。

治婚姻之說，更為可笑。」而不聾不瞎的市民百姓，始終堅信這是「此地無銀三百兩」之說。

這一盛典中的宗教婚禮即在宋家花園舉行，余日章為主婚人。那天從花園到客廳裡，都擺滿了各界人士送來的花籃，下午3時，樂聲大作……

下午4時，他們的世俗婚禮在距宋家花園不遠的大華飯店舉行，1300多位客人濟濟一堂。是日蔣介石在報上發表文章〈我們的今日〉：「余確信余今日與宋女士結婚以後，余之革命工作必有進步。余能安心盡革命之責任，即自今日始也。……此次結婚，倘能於舊社會有若何之影響，新社會有若何之貢獻，實所大願，余二人今日不僅自慶個人婚姻之美滿，且願促進中國社會之改造。余本此志願，努力不懈，務完成中國之革命而後已。故余二人今日之結婚，實為建築余二人革命事業之基礎。」

講來講去，他們還是為「革命事業」而結婚的，這就與前面所講的「絕未作政治關係之想」大相逕庭。蔣介石大概是被成功沖昏了頭，前後講話已不合邏輯了。但無論如何，宋美齡從此走出宋家花園，成了宋氏姊妹中又一位「第一夫人」。

宋家花園一角。

第一個兒童樂園

1949年3月，宋家花園裡住進了100多名難童，這是宋慶齡創辦的中國福利基金會和上海各社會救濟團體舉辦的一件義舉。當時的上海，解放軍已兵臨城下，上海解放在即，國民黨軍隊在四郊構築工事，負隅頑抗，原大場山海工學團的一批兒童變得無家可歸。宋慶齡慷慨地打開院門，把這批難童安置下來。福利會又為孩子們準備了毛毯、被褥、衣服和營養品，每天還上文化課、做遊戲、講故事，因為具體工作的負責人丁景唐是中共地下黨員，於是園中也悄悄地唱起了〈解放區的天是晴朗的天〉、〈朱大嫂送雞蛋〉等歌曲，還扭秧歌舞。他們和孩子們一起，在宋家花園裡迎接了解放。

解放後，難童們戀戀不捨地告別了宋家花園，開始新的生活。7月24日，宋慶齡又在這兒創辦上海第一家新型托兒所——中國福利基金會托兒所。這年年底，托兒所遷至五原路，這兒又成為中國福利基金會的辦公地點。宋慶齡的辦公室就設在底樓東邊內室的前房。

美麗的避難故事

1950年中國福利基金會遷至常熟路157號辦公之後，宋家花園開始了新的使命，近半個世紀以來，幾乎成了一個美麗的避難所。

1952年1月，著名的國際友人耿麗淑（中國福利會顧問、上海宋慶齡基金會顧問、宋慶齡生前摯友）在臨退休前，突然遭到美國紐約女青年會解雇。宋慶齡聞訊後，立即與她聯繫，請她回中國工作，並安排她住進宋家花園二樓，臥室就是當年宋美齡的閨房，而倪太夫人的臥室作為她的書房和會客室，還安排了保姆住在樓下。耿麗淑一直住到1963年房屋需修繕時，才搬遷到愚園路，不久又遷至烏魯木齊路的一幢花園洋房。

宋家花園修繕後，房子一直空關著，只有一名中福會的職工在汽車間的樓上看管房子。「文革」中風行「造反有理」，該職工也「造」了房子的反，一家老小堂而皇之地登堂入室了。

在「文革」最困難的日子裡，鄒韜奮的妻子沈粹縝也成了「陪鬥」對象，宋慶齡三天兩頭寫信問情況。1967年上半年，她寫信要沈氏母女搬到宋家花園，可是沈氏搬去之後，卻又招來大字報圍攻，沒有辦法，只好住了一個月再搬出來。沈氏晚年曾感慨地說：「夫人的良苦用心終未能實現，但她的厚愛在我心中永存。」

後來宋慶齡還安排過她的秘書張珏，及曾任中國福利會秘書長的李雲之女住進這個花園，這是在她們遇到困難時，得到的最溫暖照顧。

1981年宋慶齡逝世之後，這座飽經歷史滄桑的房子仍由中國福利會代管，並且作為宋慶齡基金會的辦公地點和中福會的老幹部活動室，有時還有國際友人和學校、單位組織來此參觀，緬懷宋慶齡在此留下的人格風範。

47 猶太鉅商馬勒舊居

冒險家的花園：馬勒舊居

靜安區陝西南路30號（現為衡山別墅）

（左）馬勒舊居。
（右）馬勒先生和女兒在自家花園裡。

一匹馬圓了一場發財夢

延安中路、陝西南路拐角處那組「長」滿了小尖尖角的花園洋房，曾是團市委和市學聯的機關所在地，是上海灘現存的上千處花園舊邸中，最為玲瓏精緻的一處。

傳說這組房子的設計，是依照花園當年主人的女兒一個夢境設計的。夢中的小女孩不知不覺地步入了一個童話世界，安徒生筆下的小房子，一座座都「長」滿了尖尖角。夢醒後小女孩將夢境畫在紙上，其父頗有感觸，遂命設計師依「夢」構圖。1936年，上海灘就出現了這一片「童話世界」。

小女孩的父親——英籍猶太人馬勒，1919年來到上海闖世面，當時赤手空拳，和許多東來的西方冒險家一樣，原本一無所有，憑著「腦子活絡」，不數年，就像變戲法「變」出了百萬家產。

馬勒住宅的青銅馬。

馬勒的發家多虧了一匹馬，他在賽馬中連連得手，同時也參加跑狗，運氣亦不錯，於是，錢袋迅速膨脹，接連辦起了賚賜洋行和馬勒機器造船有限公司（解放後改為滬東造船廠）及中國馬勒有限公司，從事造船、修船、輪船報關、進口業務代理和運輸業，成了上海灘炙手可熱的「洋大人」。

「功勳馬」青銅塑像

馬勒對他的「功勳馬」極有感情，老馬死後，就埋葬在他的花園裡，並塑造了一匹青銅馬，豎在花園一角。據說還有「功勳狗」，死後也葬在園內，只是未留下什麼紀念物。

青銅馬歷經風霜，「文革」中被搬走，「文革」後一切復原，又搬了回來，可是馬座基下的一塊銅製說明牌被敲掉了，否則後人當可從中了解到此馬的「輝煌戰績」。這匹馬從外形上看，粗壯、敦實，並不耀武揚威，尤其四條腿雄健有力，可知是一匹良種寶馬。

住在樓內就像生活在海上

馬勒雖是英籍猶太人，發跡卻是在中國，所以樓房的外形雖是北歐挪威式，花園和樓內裝修的很多細節卻頗有中國味。花園大門口，就像中國傳統的豪門大宅一樣，蹲上兩隻石獅子，花園裡也散置著數頭獅子，就連花盆的托盤，也雕著獅子頭。

進入樓中，觸目皆是雕花，窗格、門框、樓梯、護壁、頂棚，凡是有木頭的地方，就一定有雕花。裝飾性的花邊和窗飾多為西洋風格，而一幅幅木雕圖畫卻全是中國船隊的海上生活，如船舵、船錨、沙船隊（沙船在輪船興起之前，為中國江南主要水上運輸工具，往來於沿海一帶，甚至往來於南洋一帶，還承擔朝廷與漕運任務，沙船隊即由沙船組成之運輸船隊）、海草、海浪、海上日出、海上燈塔、海上作業等等。踏在腳下的拼花地板，亦拼出了海草、海帶的圖案，最細的地板木條僅幾毫米寬，精美細巧有如工藝品，半個多世紀過去了，打上蠟油，仍然光亮如新。

主樓的內部構造，活像是一條大輪船，尤其是樓梯的部分，層層迂迴曲折，由主樓梯又分出東西兩翼，一翼通向「前艙」，另一翼通向「後艙」。有的窗戶設計成圓形，像船上的船舷。走在樓道裡，時不時地還能撞上佛龕，就像漁民在船上供養的菩薩，保佑主人一帆風順。如今，一座座佛爺住過的「小門」，仍靜靜地掛在牆壁上。

平放在桌上的手槍怎麼會走火？

馬勒一家在此花園裡沒住多久，就撞上了抗日戰爭，1941年日本人進入租界後，馬勒一家被趕往集中營，花園被日本人占據，成了他們的軍人俱樂部。

日本人還嫌這組擁有106間房子的地方不夠用，居然在兩個「尖角」之間還搭起「違章建築」。可是日本人在樓中也沒住多久，抗戰勝利後，這兒又成了國民黨的一處特務機關，不知有多少暗殺和陰謀的號令，就從這兒傳出。

解放以後，首先進駐這座花園的，是上海市公安局的情報處，蔡忠傑曾是這兒的負責人。但這座花園不知為什麼，總是神秘兮兮的怪事不斷，尤其是手槍，動不動就走火，有時一把新式手槍平放的桌子上，也會自動走火，類似的事情接連不斷。於是有的人半開玩笑地說：大概是日本人和國民黨在此殺人太多，花園裡陰魂不散的緣故吧。直至公安局情報處遷出此園，關於槍枝走火的事情，始終沒有個明確的說法。

不許往牆上釘釘子

1950年代中期，團市委進駐此園。歷屆團市委領導非常重視花園和建築的保護，不僅安排園丁對花園進行常規性的保養，而且作出規定，任何一個辦公室都不許往牆上釘一根釘子。

所以直到現在，樓裡除了佛龕裡的神靈被請走外，過去的設施一切如舊，連圍牆上的琉璃瓦也是當年的，大門口最容易損壞的地磚也很少斷裂。

目前，在這座「長」滿尖尖角的花園洋房後面，又「長」出了一大片尖尖角。四方房地產公司在周圍造房，為使周圍的新樓能與舊樓格調相配，於是仿照這組建築的風格，在樓頭築起了裝飾性的閣樓。遠遠望去，好像馬勒的老房子又擴建了。

（上）東側門。
（中）馬勒住宅內景。
（右）樓梯口。

馬勒住宅夜景。

劉家屋內吊燈。

48 煤炭大王劉氏兄弟舊居

暗藏金庫的劉家花園

靜安區巨鹿路675號（現為作家協會辦公處）

「文革」初期紅衛兵上街掃「四舊」的時候，有一天，一支造反隊伍殺氣騰騰地來到巨鹿路675號（作家協會機關），他們押著一個四、五十歲的男人，推推搡搡地把他帶上樓梯，說是要找什麼金庫。那時老作家們已經「靠邊」，機關工作人員也都分了派，正在大搞「階級鬥爭天天講」。一聽說這房子裡有當年資本家暗藏的金庫，一下子都警惕性高漲起來，全部跟著造反派擁上樓來。只見那被押解的人一臉愁苦，神情茫然地在三樓一間房子的牆壁上東摸摸，西敲敲，最後指著一個大壁櫥的兩側說：「把這兒、那兒都挖開吧。」只見造反派將信將疑地舉起了錘子，用力砸開了薄薄的壁板，裡面果真露出兩隻黑乎乎的鐵傢伙。大夥把頭聚攏來一看——哇！真的是兩隻保險櫃！

造反派們欣喜若狂，認為這下可是階級鬥爭的重大戰果，七手八腳地上去擺弄暗鎖，指望立即從中挖出成堆的金條、美鈔來。可是那櫃子怎麼也打不開，追問那個帶路的男人，那人卻兩手一攤：「鑰匙被主人帶走了！」是呀，造反派們似也相信了這個事實，主人走了哪有把保險櫃鑰匙扔下的？但又捨不得這兩個「大金娃娃」(形容天上掉下來的禮物),於是派人返回工廠,拿來乙炔氣割器和氧氣瓶對準保險櫃燒了起來。不多時,保險櫃都被燒出一個大洞,櫃門打開了——可是裡面是空的,老闆把錢早就帶走了!「革命者」們失望了,「革命熱情」一下子像跑了氣的皮球,只得悻悻地滾蛋了。

劉氏兄弟春風得意建豪宅

作家協會的人不啻看了一場「好戲」,打聽下來,原來這幢房子連同整座花園,原是中國的「煤炭大王」、「火柴大王」和「水泥大王」劉鴻生之弟劉吉生的。解放初期兩兄弟分道揚鑣,劉鴻生從香港回到中國,積極參加社會主義改造和建設,擔任上海市工商聯副主任、全國政協委員、上海市人大代表、上海市人民委員會委員、中國紅十字會副會長等多種職務,直至1956年因病逝世;而其弟劉吉生則跟國民黨去了台灣。他與宋子文之弟宋子良是聖約翰的同班同學,與軍統的關係極深,早在抗日戰爭期間,就由宋子良安排,擔任國民黨軍統局控制的西南運輸公司的副主任,是國民黨軍統系統的紅人。正因為有這樣的官僚背景,所以在他走後,房子就由軍管會接管了,成為軍管會的一個辦公處。解放初,花園裡還養過軍馬。

而這幢房子本身的確韻味十足——鑲有彩色玻璃的西廳、掛有大型水晶吊燈的大廳、弧線格外柔美的樓梯、氣勢宏偉的羅馬圓柱、美麗多姿的噴泉和雕塑,以及無處不在的雕花和紋飾,使整個房子猶如歐洲的貴族別墅,處處顯示了主人的身份和情趣。尤其樓梯上雕花的欄杆,上面用英文字母藝術地拼出了C. K. S.幾個字母,即劉吉生英文名字的縮寫,這是幾年前,劉吉生的小女兒回滬尋訪老房子時告訴人們的。還說樓裡有落地座鐘、鏡台、酒吧台、彩色的玻璃窗和黑白相拼的地磚,都是當初樓裡的舊物,就連大廳天花板上的圖案也是原模原樣,而花園裡噴水池上的雕塑,是當年從義

大利運來的……

房子建於1930年，正是劉氏兄弟春風得意各項企業全面開花的時候。

其實劉吉生的發財全靠哥哥劉鴻生。他是哥哥的助手，事業順利的時候幫過忙，事業危急的時候也拆過哥哥的台。1907年劉鴻生當上開平礦務公司上海辦事務的跑街（辦事員），由於業績突出，兩年後升為該公司上海

（左上）花園裡的維納斯。
（左下）小樓側影。
（中上）小天使。
（中下）彩色藝術玻璃窗。
（右）劉家花園。

售品處的買辦。為擴大銷售市場，他帶上弟弟向滬寧沿線全面出擊，幾年來跑遍了長江三角洲一帶的城鎮和鄉村。他們採取大小不遺、平等相待的原則，凡是購買開平煤（民國後與灤州煤礦有限公司聯合成立開灤礦務總局）的資金可以賒帳；具體經辦人員可以貼補傭金；在競爭激烈的地區還可以跌價辦理，很快就把江南一些小型煤礦擠出市場。

有一次他們來到宜興，發現當地燒製陶品的窯戶都在歎苦經，山上的木柴越砍越少，柴價越來越貴，生意越來越難做。劉氏兄弟得知後趁機向他們推銷開平煤，因煤價比柴價便宜一半。但他們說，原料一改，窯爐也要改，資金怎麼辦呢。劉氏兄弟說「這好辦，由我們包了！」於是他們回滬設計了一種用煤炭作燃料的新式爐窯，並親自帶了技術人員前去試燒，結果大獲成功，不僅質量好，而且大量節省成本，於是宜興一帶的傳統爐子就被劉氏兄弟給「端」了。

這本來是件技術革新、設備換代的好事情，誰知差點出了大麻煩。他們賣出煤後第一次去收帳情況還好，第二次去收帳時來了一個人，說是有3000個砍柴、賣柴、販柴的人要來找他們「吃講茶」(地方流氓的談判方式)。這種「講茶」是件非常危險的事情。因為開平煤暢銷，堵了柴戶們的生計，他們要與之當場幹仗的。嚇得他們偷偷坐了一條運糞船逃走。後來又派人前去，答應新開的爐窯聘請柴民們當燒窯工，這才漸漸將事件平息。可見劉吉生當初跟著哥哥闖江湖，也不是一帆風順的。後來家業大了，劉鴻生創辦鴻生火柴廠、上海水泥廠、章華毛絨紡織廠時，劉吉生都是主要股東之一。然而到了倒楣的時候，劉吉生也是火上澆油的人之一。1935年經濟蕭條的時候，上海百業一片倒閉之聲，金融市場也風聲鶴唳、謠傳紛紜。

劉鴻生不得已，忍痛將道契、股票等送到銀行作抵押，甚至含淚將自己霞飛路(淮海路)上的占地30畝的花園洋房賣掉抵債。一時市場上風傳「劉鴻記要倒」，導致一些有債務關係的銀行、錢莊紛紛上門討債。在這種危急關頭，劉吉生也來雪上加霜。20後年劉鴻生回憶說：「那一年，我們差不多天天過『年三十』，總有人來逼債。在我最困難的時候，我的親人也對我失去了信心，連我的弟弟吉生也要從我的帳房中提取11萬的現金存款。我當時不得不送90多萬的銀行股票，到他那兒去作抵押。」這是他親哥哥說的話，足可見其為人。

這些故事已過去近70年了，就連「文革」中的那場鬧劇也過去30多年了。現在的上海作家協會，仍舊在這幢房子裡辦公，房子經過大修，更加雍容典雅，只是大門口又掛出許多牌子，如《收穫》、《上海文學》、《萌芽》、《海上文壇》、《上海文化》等著名的雜誌都在此安了家。當初渾身散發著銅臭氣的劉吉生，大概作夢也不會想到，他的老房子如今竟如此有文學氣息吧！

49

蔡元培故居裡的「孑民圖書館」

靜安區華山路303弄16號（現為蔡元培先生紀念館）

華山路東頭、希爾頓賓館的馬路對面，有一條寬敞的弄堂。走進弄堂七拐八轉，會看見一幢立有石碑的花園洋房。那樓不太高，假三層；園亦不大，半畝而已，可是這兒當年的主人卻是全國聞名的大人物——著名的教育學家、社會活動家蔡元培先生（1868—1940）。

蔡元培先生原是前清進士，任翰林院編修，後因反對清王朝的統治，棄官南下，1901年到了上海，任南洋公學特班總教司，提倡新學，辛亥革命以後，出任民國的第一任教育總長、第一任大學院院長、第一任中央研究院院長。1928年以後，因不滿蔣介石的統治，他毅然辭去一切職務，僅保留中研院院長一職，再次來到上海。儘管宋子文、孔祥熙等人一再挽留，他仍義無反顧，於遞交辭呈的當天就乘早車離開南京。

蔡元培這次在上海居住了10年整，直到1938年抗戰爆發後去香港，於1940年在香港逝世。在上海的這10年間，蔡先生租住過許多地方，參加過大量愛國活動和學術活動。九・一八事變後，他力主對日抗戰；1932年12月，與宋慶齡、楊杏佛等發起成立中國民權保障同盟，任副主席；1936年魯迅先生逝世後，任魯迅紀念委員會主席，積極推動《魯迅全集》出版。當年魯迅先生進北洋政府教育部，乃至進北京教育界，都是蔡先生為之引薦。

讀書、教書、藏書、著書

這一處房子是蔡元培先生在上海的最後居所。住的時間雖不長，但卻保存大量先生的遺物。除了文房四寶、先生用過的英文打字機和一些家具外，最多的是先生的藏書，大箱小箱和書架堆滿了兩間房間。有一間內，書籍從地面一直疊到天花板。據蔡元培先生的女兒蔡睟盎女士介紹說，作為一個學者和教育學家，先生一生都在讀書、教書、藏書、著書。他早年所藏多以線裝書為主，抗戰前寄存於浙江省圖書館，總數達百箱之巨，可惜杭州淪陷後就不知所終了。後期所藏，除了大量古籍外，尚有英文、德文、法文書籍，以及五四以來的期刊，包括多所大學的校刊和當時教育部及中央研究院的期刊等等。

先生離滬去香港時僅帶去平時常用之書和自己的大

（左上）蔡元培先生。
（左下）故居內蔡元培先生使用過的打字機。
（中）故居門口。
（右）蔡元培故居。

量手稿，上海寓所所存之數百箱書均寄存在上海科學社。內容涉及社會、政治、教育、哲學、心理學、美術和自然科學諸類，後由先生的子女蔡睟盎和蔡懷新為之保存。這就是目前陳列在先生故居中的「孑民藏書」。

現在人們走進先生故居時，還可看到一塊先生親筆書寫的「孑民圖書館」木牌，可知先生收集這些藏書，原本是想創辦一所圖書館。至於先生帶去香港的那部分常用之書，已於戰亂中損失殆盡，而先生的手稿，多虧夫人周峻女士將之縫入被絮，方才躲過劫難。現在這所房子受到國家保護，又作為「蔡元培先生紀念館」和青少年愛國主義教育基地對公眾開放。

無一間屋，無一寸土

蔡先生1940年去世之後，國內各界凡與先生有過交往的人大多寫了回憶、紀念文章，緬懷先生的高風亮節。他的朋友王世傑先生在〈追憶蔡先生〉一文中寫道：「蔡先生為公眾服務數十年，死後無一間屋，無一寸土，醫院藥費一千餘元，蔡夫人至今尚無法付給，只在那裡打算典衣質物以處喪事。衣衾棺木的費用，還是王雲五先生代籌的。」由此可知，先生身後的蕭條及其一生為人處世的風格，亦可推知，先生在滬的這所房子當初是租借的，而非先生的財產。

另有曹建先生的〈蔡孑民先生的風骨〉一文，講到先生在上海生活的另一側面。說是蔡先生是大名人，各地的親戚朋友常有人找上門來要求介紹工作，夫人的意見是：「總計紹興、蘇州以及江西的親戚們經常來此謀事而又無法拒絕的，充其量不過十幾人，在這十幾個人中，也不乏可造就的。何不擇其中最優秀的，替他謀一獨當一面之事，其餘的由他去安頓好了。免得他們不時地來麻煩你，而你也可以免了拿老面子向人家前面碰撞。」但是蔡先生總也不肯，他固執地認為「學生都是人才，親戚都是庸才」，始終不肯為親友們寫推薦信。然而他為學生們寫起推薦信來，有時一寫竟達幾十封，並且耐心地說服用人單位：「不必問北大、非北大，但看是人才、非人才。如果北大出身而不是人才，亦不可用；如果非北大出身是人才，仍然要用。君有用人之權，我盡介紹之責。」（摘自余天民語）

如今步入這幢小樓，端詳著牆上先生遺容，回味先哲這些貌似平談、實乃至理的格言，感覺多麼親切呵！

50 實業家、慈善家嘉道理故居

大理石大廈：嘉道理花園

靜安區延安西路64號（現為中福會少年宮）

醫院裡躺著醉成泥團的設計師

步入延安西路上的上海市少年宮大院，只見一片綠絨絨的草毯上橫臥著一座乳白色的大理石大廈。大廈朝南立面的底層，以中央大門為軸心，向左右兩翼伸出了長長的柱廊，排列整齊的雕花廊柱和挑簷上流美的紋飾，烘托出濃濃的歐洲古典式莊重氣氛。尤其是大廈內部寬闊、高敞和明快的格調，以及幾乎全一色的大理石台級，使人難以相信，這兒原是一個幾口之家的住宅，當然也更難想像，這兒在二次大戰中所經歷的磨難。

嘉道理花園的主人原是英籍猶太人埃利．嘉道理。19世紀末他來到香港和上海辦實業，經過數十年的奮鬥，在建築、公用、地產、橡膠、金融等行業都有投資，並形成一定規模，開創了香港的第一家經紀行。1926年，他因舉辦慈善事業（在滬創辦育才公學，即現在的育才中學，捐款創辦上海第一個治療肺結核的醫院，即現在延慶路上的第一結核病醫院），英王授予他爵士封號。1930年代，老嘉道理的兩個兒子勞倫斯．嘉道理（1899年生於香港）和霍瑞斯．嘉道理（1902年生於倫敦）均已長大成人，協助其父繼續開拓，使嘉道理家族集團，逐漸發展成為上海灘上能與沙遜、哈同、海亦姆．埃茲拉、安諾德齊名的一大猶商財團。

（左上）嘉道理先生。
（左下）樓梯口。
（中）今上海少年宮外景。
（右）內景。

有趣的是，他們委託一位建築設計師為他們建造新住宅的時候，不知這位名叫格拉漢・布朗的設計師是一個有名的醉漢。當時他們因家族要事暫時離開上海，就把在滬建築新宅的重任全權委託給了他。而格拉漢・布朗常常喝足了白蘭地後對著圖紙大抒豪情，結果把供四、五口人居住的宅院造成一座大理石宮殿。當嘉道理一家大小從國外回來時，面對著建築承包商寄來的鉅額帳單驚訝得目瞪口呆，而那位喝得爛醉如泥的設計師，正躺在醫院裡等待救護……

然而，這畢竟是一座美侖美奐的豪華型巨廈，有著

50英尺寬的舞廳、225英尺長的長廊、大廳北部的合抱式樓梯像美人的雙臂，雪白而晶瑩，從二樓天花板上高高垂下的宮廷式大吊燈，把建築的北側也照得亮如白晝。建築所用的大理石全部從義大利運來，前後費銀共100萬兩，當時可買5000多萬斤大米，供14萬人吃一年。其造價之昂貴，已超過了哈同花園（哈同花園的造價為70萬兩銀）。這是上海灘唯一的大理石大廈。嘉道理一家非常好客，有喜歡與他人分享好運的傳統，使得這幢大廈很快在世界各地出名。

二戰狂濤中的嘉道理家族

1941年太平洋戰爭爆發後，日本人進入上海租界，嘉道理一家大小被趕出大理石大廈。匆忙和慌亂之中他們只帶了些平時放在手邊的日用品，先是被押往香港，關在斯坦利集中營，後又被押回上海，關在閘北集中營，每人一天只能領到一香煙罐米飯。飢餓、寒冷和疾病，簡直要把埃利·嘉道理活活折磨至死，他們的企業和財產全部被日本人掠去，在香港和東南亞一帶的財產也喪失殆盡。

日本人占據這個花園之後，把它當作軍事指揮機構。直到日本人投降前一年，老嘉道理已是生命垂危的時候，他兩個兒子勞倫斯

大廈中的吊燈。

和霍瑞斯才被允許住進院子旁的小屋內照顧父親，其實仍在軟禁之中。

一根重達七公斤重的金條

一天傍晚，正值上海全城燈火管制的時候，門外傳來重重的敲門聲。勞倫斯打開門一看，原來是原上海法國領事館的首席大法官考夫曼先生。他神情緊張，雖未被關進集中營，也遭到法國維希政府在上海的支持者搜捕，不得不東藏西躲。這次他趁燈火管制天已漆黑，來求嘉道理兄弟幫一個忙。他一邊氣喘吁吁地說話，一邊把一個有七公斤重、用舊報紙包著的包裹交給勞倫斯。在兩兄弟的追問下，他才告知這是一根金條，並說：「你們是我認識唯一能夠相信的人，把它藏起來吧！」

作為當時早已一貧如洗的戰俘，這根金條也許能夠救老嘉道理的命，他們心裡十分複雜。儘管如此，到了半夜時分，兄弟倆還是偷偷地溜出屋子，跑到花園中，找到了一棵樹把金條埋下，9個多月後，日本人投降了，兄弟倆又經過一番搜尋，挖出了那根金條，還給了它的主人。

猶太人溫暖的家

當日本人尚未進入上海租界時，從俄國、奧地利和法國逃出來的猶太人已成批成批地湧進上海，上海成了他們在二戰時期的庇護所。勞倫斯・嘉道理後來說：「沒有一個城市，以後也不會再有另一個城市像處在兩次世界大戰之間的上海，這是一個混合著東西方特色、帶著強烈反差的城市，是既有善、又有惡的東方巴黎，為冒險家提供了一個樂園……上海曾有過一個數萬人的猶太社團，猶太人對上海有一種親切感，他們不會忘記上海。」而嘉道理家族，又是在那場災難當中首先發起組織集體救援的人。

1938年10月，大批德國猶太難民湧進上海，霍瑞斯·嘉道理先生首先出面召集救助會議，上海所有的猶太社團和社會救濟組織都雲集在大理石大廈，決定建立「上海援助歐洲難民委員會」，並採取聯合行動幫助難民。同時，這個家族捐出許多錢物救助難民，還出資創辦上海猶太青年學校，專門招收歐洲猶太難民的子女，使這些正逃難中的青年及時受到良好的教育。這不僅為他們今後的事業打下基礎，還為他們的生活建立了自信心。後來的事實證明，他們之中有相當一部分成了各界知名人士。

1945年8月25日，日本人已經投降，第一批美軍在上海登陸，他們透過瑞士領事館與困居大理石大廈的嘉道理兄弟取得聯繫，並要求住在大理石大廈。兩兄弟興奮之餘，5年來第一次走進大理石大廈，打開所有的電燈，以示歡慶戰爭的結束。不久，這兒就成了美國、澳洲和英國軍人的活動中心。駐華美軍指揮官海斯和戰後從重慶飛抵上海的英國總領事沃登也先後搬進來住。

新的開放時代的光榮

解放後，嘉道理家族結束了在上海的業務，致力於香港發展。大理石大廈成為中國福利會上海市少年宮，不斷地為各大專院校輸送著學有專長的優秀少年。嘉道理家族為此感到光榮和驕傲。1978年，勞倫斯·嘉道理夫婦回到闊別30年的上海訪問，參觀了他們的舊居，並在回憶錄中寫道：「我很高興地了解到，我父親特別喜愛的大理石大廈，已成為幾千名兒童獲得知識的地方。」

1985年，勞倫斯·嘉道理訪華時受到鄧小平接見，兩人共商建立大亞灣核電站的計劃。1994年2月6日，大亞灣核電站一號機組正式投入商業運行，李鵬總理在慶典大會上特別讚揚港方開拓者嘉道理勳爵的功績。這是他臨終前最為關心的一個項目。

51

最豪華的舞廳：百樂門

靜安區愚園路218號（現為百樂門舞廳）

盛七小姐出錢興建百樂門

1932年，上海西區靜安寺附近，聳起了一座龐然大物般的美式近代建築，這幢大樓樓高6層，全部是鋼筋混凝土結構，樓頂設計為圓柱狀的梯形造型，周圍層層裹以霓虹燈廣告，樓在左右兩翼又安置了從樓頂直貫樓底的流線型燈柱，入夜時分，彩燈齊放，在靜安寺一帶低矮平房的世界裡，一時占盡了風光，幾里地外遠遠就能望見她的蹤影。這就是上海灘當年最負盛名的豪華舞廳——百樂門舞廳。

這個舞廳的建造者是清末郵傳大臣盛宣懷的第七個女兒「盛七小姐」盛愛頤和她的丈夫莊鑄九。盛七小姐在父母親去世之後，本來按照中國傳統大家庭的做法，

（左）盛家五小姐盛關頤（中）、七小姐盛愛頤（右）和八小姐盛方頤。
（右）今日百樂門。

女兒是分不到遺產的。然而進入民國之後，女子地位不斷提高，況且盛家姊妹（五小姐盛關頤、七小姐盛愛頤、八小姐盛方頤）與宋家姊妹（宋靄齡、宋慶齡、宋美齡）常年保持友好的關係，在宋家姊妹的支持下，盛氏姊妹毅然走進法院打官司，爭遺產。這場官司持續了好多年，花費鉅萬，盛氏姊妹最後贏得勝利，即每個女兒可以分到每份遺產的半份。而這半份遺產的第一筆現款，就是150萬元現銀。盛七小姐從自己所得的150萬當中，撥出60萬興建了百樂門舞廳。

這個舞廳當年一樓是飯店和管理處，二樓和三樓是舞廳，舞池為彈簧地板，二樓與三樓的中心地帶是透空的。舞客坐在三樓的咖啡座上可以望見二樓舞池裡的活動，亦可從座位旁小樓梯直接步入舞池，而三樓本身還有一個可供四、五對舞伴跳舞的小型玻璃舞池。舞廳的旁邊闢有旅館，舞客如果跳累了，出了舞池即可入住旅館，十分便捷。這幢建築由著名專家楊錫設計，1931年動工，1932

年落成。可惜盛七小姐夫婦並不擅長舞廳的經營，在開張的頭半年中老是虧損，以至虧損達60萬，幾與造價持平，不得已，只好轉手出售。易主之後的百樂門，恰逢上海灘的舞業發展到全盛時期，靜安寺逐漸成了熱鬧地段，天時地利，人流如織，生意反倒一天天火爆起來。

盛氏後代對百樂門一直懷有溫馨的感情，盛七小姐的侄子盛毓郵（「盛老四」盛恩頤的長子，曾任日本東京新亞飯店董事長，民國時期國務總理孫寶琦的外孫）當年即在這裡舉行婚行。婚禮盛況空前，大門外有數十白俄維持秩序，新娘的婚紗從舞廳一直拖到大門口，各大報紙均作了報導。八小姐盛方頤的兩個兒子「老彭」（彭國寬）和「阿彭」（彭國裕），一個善舞，一個善唱，多年來都是百樂門的「自己人」。

陳曼麗血濺舞場

百樂門雖處當時尚屬偏僻地段的西部，然而建築宏偉富麗，設施講究齊全，又以彈簧地板和玻璃舞池獨步春申（上海古稱，因是古代春申君封地），尤其是舞女陣容強大為其他舞場所不及，其中最負艷名的是陳曼麗。

她亭亭玉立，婀娜多姿，儀態嫵媚，舉止大方，又擅長京劇，曾與葉盛蘭、馬富祿合演過《鴻鸞禧》，一時名聲大噪。當時有位銀行家叫劉晦之（中國實業銀行總經理）喜歡陳曼麗，開始是極力花錢捧角，後來就在愚園路579弄的中實新村租了一套房子與之同居，勸陳脫離舞伴生涯。可是陳向有主見，不願久為「金絲鳥」，不久即與劉分手，重回百樂門再操舊業，結果慘遭殺害。

1940年2月25日深夜，有劉姓、彭姓舞客召陳「坐台子」，位於舞廳左首近音樂台進出口處。凌晨零時50分，陳曼麗正縱情談笑，與舞客「熱火」的時候，突然從音樂台左側躍出一西裝青年，抽出手槍對準陳曼麗連發三槍，一彈中頸，一彈中臂，一彈中腰腹，當即倒地。同座舞客劉其甫由香港來滬，下榻東亞旅館，被流彈擊中右臂輕傷，另一舞客彭某則被流彈傷及背部傷勢較重，當即送往海格路紅十字會醫院（即今華山醫院）搶救，陳曼麗與彭某終因傷勢過重，不治斃命。

「百樂門血案」發生前二小時，另一有名的舞廳「仙樂舞宮」也發生了槍擊事件，是重慶方面的地下工作人員槍殺了敵偽「76號」機要室主任錢人龍。據說陳曼麗是重慶方面的派遣人員，汪偽特工總部為了錢人龍之死，用槍殺陳曼麗蓄意報復。也有一種說法，說陳曼麗與汪偽要員時有過從，重慶地下工作人員以「鋤奸」為名，「鋤」掉了她。此事到目前為止，仍沒有一種準確的權威說法，是上海灘眾多的「謎案」之一。

服務小姐氣走蹺腳沙遜

百樂門舞廳紅火之後，成了上海灘豪門、名流主要的娛樂場所。張學良將軍來滬時，喜歡到此跳舞，美國著名影人卓別林夫婦訪華時，也曾慕名到此跳舞，報刊上還刊出過卓氏起舞時的照片。

有一天，房地產大亨、新沙遜洋行的老闆蹺腳沙遜（因在第一次世界大戰中負過傷，走路時腳一蹺一蹺而得綽號）也慕名前來軋鬧猛（湊熱鬧）。此人終生未娶，出入也獨往獨來，進入百樂門之後，服務小姐不認識他，又見是個蹺腳，想必不是來跳舞的，於是就沒怎麼搭理，把他「晾」在一邊，孰知沙遜雖蹺了一隻腳，但在上海灘畢竟是能呼風喚雨的洋大亨，豈能嚥下你百樂門的這口「氣」？於是轉身就走，到了他的公司裡，把桌子拍得大響，命令助手立即在南京路最繁華的地段新造一舞廳，把百樂門的氣焰壓下去。果然不多久，南京西路臨近跑馬廳的西側，就出現了一個「仙樂斯舞廳」，亦是霓虹燈鋪天蓋地，樂隊和舞女的陣勢一時超過了百樂門，算是

百樂門夜景。

為沙遜報了一箭之仇。

仙樂斯舞廳的最後一任老闆姓孟，山東人，於解放前帶全家去了台灣。當時台灣製鞋業非常原始，因為日本人殖民時期大家都穿木屐，不愛穿鞋，孟老闆抓住時機，從上海販去了兩船各式鞋子，以迎合從大陸逃往台灣的國民黨家眷的需要，並且開始從事製鞋業，結果發了大財，鈔票多得要用箱子來裝。

解放以後，百樂門舞廳由國家經營，並改造成為電影院，名紅都影劇院，兩個舞池現均不存。改革開放（1979年）後，娛樂中心風行滬上，經營者不失時機地把四樓改造成舞廳。現在的格局是，一樓出租為商店，二樓為電影院和咖啡室，三樓是飯店，四樓為娛樂中心，內設舞廳及錄影放映室，然當年旅館用房已挪作他用了。

5|2 民國總理孫寶琦舊居

漢冶萍俱樂部裡的孫寶琦葬禮

靜安區北京西路1818弄30號（現為警備區老幹部門診部）

門多歇浦三千客，家少成都八百桑

北京西路、萬航渡路路口那幢交通銀行大廈的後面，有一幢十分精緻漂亮的西式紅磚洋房。碧綠的香樟樹和棕櫚樹輕輕地搖曳窗前，雕花的門廊既寬敞又整潔。拾級而上進得廳來，可見一道黑色的雕花樓梯從底層盤旋而上，直達頂樓，室內的每一個細部，都散發著雍容和華貴的氣氛，令人恍然於民國時代的貴族氛圍之中。

漢冶萍公司俱樂部。

七、八十年前，這裡是中國的鋼鐵工業先驅——漢冶萍公司的俱樂部。

1931年，這個俱樂部設立了一個靈堂。成群結隊的人們手持輓聯，抬著花圈和花籃，從早到晚，來此憑弔一位鬚髯飄逸的老者，他就是曾經兩度出任民國總理、又曾兼任漢冶萍公司董事長及駐京辦事處主任的孫寶琦先生。

重重疊疊的輓聯，從天花板直

垂到地上，其中最醒目的是當年的民國大總統徐世昌的輓聯，字大而意味深遠。聯云：「門多歇浦三千客，家少成都八百桑」，又有橫批：「舊雨星辰」。這一方面是感歎老朋友越來越少了，少得像清晨的殘星一樣，另一方面是熱情地讚揚亡者的清廉和為人；先是拿諸葛亮作比喻，說諸葛亮作為一代丞相，一生廉潔無私，身後別無長物，家中只有800棵桑樹，而孫寶琦甚至連800棵桑樹也沒有，故曰「家少」；又說他像戰國時楚國的春申君黃歇一樣好客，養了三千門客，所以說「門多」。

清末民初傳奇人物孫寶琦

作為兩度出任民國時期總理的孫寶琦，他不是上海人而是杭州人，那他的靈堂為什麼安設在這兒？因為他生命的最後幾年就居住在這兒，並在這兒去世。至於他為什麼要住在這個俱樂部裡，道理也很簡單，他卸任後無房可住。在北京當官的時候是租人家房子住的，辭官南返時連房租都付不起，就把當年任駐德國公使時，從德國帶回來的兩架鋼琴送給了房東，權作房租。

南歸後，他不僅在上海沒有房子，在杭州老家也沒有什麼像樣的房子，只有幾間祖傳老屋也年久失修，然而他有著一支龐大的家眷隊伍——夫人和如夫人共有五房，生下24個兒女，還有管家和跟班等雜務人員，浩浩蕩蕩幾十口人。那時50斤一袋的麵粉，只夠他家吃兩天。初到上海時，借住在哈同花園，後來他病趨嚴重，就移居漢冶萍公司的俱樂部裡。他的部下和門生看不下去了，曾合夥在杭州為他購地造房，可惜他來不及看到房子落成，就撒手西去了。

孫寶琦在清末民初是個傳奇人物，19歲就以「父蔭」

（他的父親是光緒帝師之一孫詒經）當上了直隸道員，督辦銅元局。時海禁初開，他不僅本人積極學習各國語言文字，還先後創辦了北洋育才館和開平武備學校，當時吳佩孚、蕭安國和陶雲鵬等人都是他的學生。1900年八國聯軍入侵北京，他作為隨員護駕慈禧和皇上向西安逃命。因他天生記憶力驚人，讀書可過目不忘，又精通英文、法文，所以臨時竟充當了朝廷的譯電員。無論何方來電，他無需翻密碼本，隨手可譯，再緊急的電報到他這兒絕不誤事。於是，慶親王奕劻大賞其才，極力保薦他入軍機處專司電報職。

在與八國聯軍談判議和時，京陝與全國各地的電報日夜不斷，時常日達數萬言，全賴孫寶琦執掌電報通訊，收發譯繕，使各種資訊暢達不誤。他為此夜以繼日地工作，其辛勞全被奕劻看在眼裡。和議告成後，為酬勞他的功績，第二年清廷即派他為大清帝國駐德國和西班牙的欽差大臣（即大使）。

差一點被改寫的民國史

然而到了法國後，西方世界的一切大大地改變了孫寶琦原先的許多想法，不知不覺地，從朝廷的寵臣，逐漸變成叛逆者。他向朝廷發回一封萬言書，極力主張變法維新，言人所不敢言之事。最能說明他的風骨是在對待孫中山先生的態度上。

孫寶琦出使法國時，適逢孫中山先生因倫敦蒙難後來到巴黎。有一天，湖南籍留學生湯薌銘及王某三人，探到孫中山的行蹤後，合謀以問學為由，將中山先生騙出寓所，到一咖啡館喝咖啡。中途湯薌銘悄悄退出，潛入孫中山先生住所，將其行李及文件一併偷出，送到公使館向孫寶琦邀功。時孫寶琦已看出大清帝國的末路，對革命黨人極為同情，於是一方面把東西收下來，敷衍湯薌銘，說是一定將孫中山拿辦；另一方面暗中囑託李石曾，將這些東西給中山先生送回去，並送了一筆旅費，勸其趕快轉移，中山先生由此得以解脫。現在看來，假如當時孫中山先生遇到的不是孫寶琦，而是別的清廷顯宦，那後來的民國史豈不要改寫了嗎？

辛亥革命時，孫寶琦已回到國內，出任山東巡撫。武昌起義的消息傳來，他率先通電擁護，宣布山東省獨立。雖然後來在北洋軍閥的壓力下，旋又被迫取消，但他的政治立場已經涇渭分明了。

（上）樓梯。
（下）門柱和窗子。

民國以後袁世凱當了大總統。因袁大總統與孫寶琦既是老朋友又是姻親（孫寶琦的五小姐嫁袁世凱的七公子袁克齊；袁世凱的六小姐袁籙禎又嫁孫寶琦的侄子），所以對孫寶琦也大為重用。開始是任他為考察日本實業專使，前去日本考察和聯絡，回京後即任命為外交總長兼國務總理，任內簽訂了關於蒙古事件的中俄蒙協定。誰知不久就與袁世凱鬧翻了，因為袁世凱正醉心恢復帝制，一心要當皇帝，他為了博得日本人的支援，竟然答應簽訂日本人提出的「二十一條」，而孫寶琦堅決反對簽字，與曹汝霖意見不合，所以拂袖而去。當全國各地紛紛聲討袁世凱，中國銀行和交通銀行均發生擠兌風潮時，袁世凱倚仗威勢，下令兩個銀行停止兌現。孫寶琦認為這真是天下奇談，於是連財政總長也辭掉了。

交際費建小洋樓贈別稅務司

1924年曹錕出任總統，直系軍閥吳佩孚聯絡各方勢力再次擁護孫寶琦出任總理並組織內閣。此時大小軍閥橫行，各省督軍不僅不向中央上交稅收，還向中央強索軍費，使政府機關辦公費用無著，致使北京許多機關都在鬧欠薪，除了稅務、外交部由海關按月撥款尚能落實外，教育部、參謀及陸海軍等部，有的一欠數月，有的竟欠薪達一年之久。這種狀況一直延續到段祺瑞執政。為了擺脫經濟困擾，當局又鬧出「金法郎案」，即向法國政府借款。而當時的行情是，法郎已貶值貶得很低了，而法國卻堅持要中國政府按原值計算，明擺著中國要吃大虧。這樣一來，孫寶琦總理與總統府之間又發生尖銳的對立，好在孫寶琦本來就不是追逐名利的人，既然不能合拍，那老子就不侍候了，於是第二次辭去總理的職務。

民國總理孫寶琦先生。

他在離開北京之前還做了一件令人不解的事，就是將他在稅務處督辦任內所應得而從未支取的交際費，共十餘萬元，用來在西堂子胡同造了6幢綠色小洋樓，並將之移交稅務處，以此作為臨別紀念。而當時他自己南返的路費尚在捉襟見肘之中。曾有親戚問及美國人福開森，想請他代為尋覓買主，收購一些孫家收藏品，而福開森說，孫某是好好先生，他的藏品無值錢的好古董，實愛莫能助。最後還是朋友們幫忙，集「會金」5萬元，全家老小才得以出京。

53 實業家朱斗文舊居

朱家花園32個朱小開

靜安區康定路759號（現為靜安區政協辦公樓）

康定路上現為靜安區政協的那幢老式洋房，過去是安徽籍實業家朱斗文的公館。朱斗文的祖父朱幼鴻在清朝末年就來上海創業，於1894年創辦了裕源紗廠，機器均從英國進口，是中國最早的民營紗廠。朱斗文的父親朱念陶繼續創業，至朱斗文已是三代上海實業家，擁有了裕源紗廠、裕通麵粉廠、裕泰紡織公司等企業，同時在上海建造了大批豪宅，淮海路、長樂路、新閘路上都有，康定路上的這一幢歸朱斗文。

（左）牆角。
（右）朱斗文舊居。

此樓為法國風格的二層洋樓，二樓有寬大的陽台，西側有線條優美的雨廊，樓下那塊大草坪（現在已被分割了）可安排200桌酒宴。朱斗文的十

弟朱如山（世稱朱十）的結婚酒宴即安排於此，來賀者的車輛把馬路擠得水泄不通，被視為當時上海灘的特大豪宴之一。

那時朱家財大氣粗，官府裡也有人，因此出了命案也能逢凶化吉。有個公子在杭州西湖邊騎馬，不知何故馬受了驚踏死行人，按說應判死刑，結果據說買通了李鴻章，僅更改案卷上一個字，就把死罪減輕為發配新疆充軍了，最後去充軍也變成走過場了。

朱家公子都是戲迷，常在院子裡通宵達旦地唱堂會，自家人也常粉墨登場。這個傳統代代相傳，以至於到現在，朱家仍不乏會唱戲的人。當然，最出名的還是他們兄弟中一個會譜曲的人，此人是兄弟中最小的一個（排行第32），即著名作曲家朱踐耳先生。

汪精衛。

5 4

劊子手的營地：汪偽「76號」

靜安區萬航渡路435號（現為靜安區逸夫職業技術學校）

水牢地牢的魔窟「76號」

漫步在滬西鄰近曹家渡一側的萬航渡路，只見熙熙攘攘的人群，不斷地從五顏六色的店面、廣告和櫥窗前穿來穿去，滿街大小各式車輛如潮洶湧，似乎永遠也不會停歇……人們已很難想像60年前這兒是什麼景象，當然，上了年紀的人還是記得，這兒曾有一個令人談虎色變的罪惡所在：殺人魔窟「76號」。

這個「76號」，是當年的極司菲爾路76號，這條路上最大的一處花園洋房（現在是萬航渡路435號），原是國民黨高級將領陳調元的住宅，抗戰中國民黨機關遷往重慶後，這兒就成了汪偽「國民黨中央執行委員會特務委員會特工總部」所在地，是大漢奸、大劊子手、抗戰中橫行上海灘、不知幹了多少壞事的特務頭子李士群、丁默邨、吳世寶的老窩。

解放後這兒辦起了學校，改革開放後改為逸夫職業學校。該校1950、60年代的校友還清楚地記得，他們入校時校園裡還散置著當年的「遺址」——地牢、水牢、審訊室……隨著改革開放的進程，現在絕大多數「遺址」

劊子手集會的大禮堂。

已被夷為平地，代之以嶄新的教學樓。現在「原汁原味」的「真蹟」，只剩一座大禮堂和一座三開間的住宅房子，汪偽國民黨第六次全國代表大會這幕醜劇，就是在這個大禮堂裡上演的。那座三開間的平房，則是供日本憲兵隊來「指導工作」時住的。

李士群與丁默邨狗咬狗

「76號」的頭號惡魔是李士群，早年曾參加過中國共產黨，赴蘇聯留學，後來叛變革命，參加了國民黨的特務組織。1937年日寇侵占南京前夕，國民黨臨撤南京之時，布置了李士群等3人充當特務潛伏下來，住在南京中央路與玄武路之間的大樹根76號，三人雇傭了兩位年輕女傭。不久，李士群與其中一個女傭關係曖昧，並一起跑到了武漢。誰知這位「女傭」竟是日本特務，在她的引領下，李士群投靠了日本人，逐步當上特務頭子。

「76號」的另一頭子是丁默邨。丁默邨亦在早年曾混入革命隊伍，後叛變革命投靠國民黨反動派，曾擔任國民黨軍事委員會「調查統計局」第三處處長，幾乎與戴笠平起平坐，抗戰中經李士群推薦、拉攏，亦成了「76號」的老闆之一。他住在「76號」院子正中被稱為「高洋房」的那幢大樓裡，寢室兼作辦公室，辦公室內有一張床，可是丁從來不在上面睡覺。他真正睡覺的地方，卻是寢室裡的洗澡間。不知為什麼陳調元要將洗澡間裝備得如此牢固，居然四壁都裝防彈鋼板，丁默邨每晚就在浴缸上放一張棕棚，鋪上被褥，就睡在上面。第二天起身，再把棕棚拿掉。如此不怕麻煩，可知其心虛、怕死到了什麼程度。

這兩個特務頭子似乎有著相同的經歷，都是從革命隊伍中跑出來的叛徒，可是當他們真正走到了一起，私欲、貪婪之心又大膨脹，狗咬狗的明爭暗鬥一直延續到最後。李士群一手製造了唐惠民事件、張小通事件，想方設法打擊丁默邨的勢力，其中唐惠民最後落了個「永不敘用」的下場，而張小通死得更慘。張小通原是國民黨「黨皇帝」吳開先手下的一名大將，是「中統」特務，投入「76號」後，李士群擔心他會成為丁默邨的黨羽，就把他秘密處死。特務們先給他吃了砒霜，尚未致死，又用繩子將他勒死，再將張的屍體砍成數塊，放入罈子，用硝鏹水銷屍滅跡……

最後他們自己都沒得好下場。李士群因事得罪了他的日本主子，被「請」到了百老匯大廈（今外灘上海大廈），以協調與周佛海的關係為名被招去談話。談話中僅用嘴唇碰了碰桌上的一杯咖啡，結果被毒死身亡，臨死時七竅出血。而丁默邨也在抗戰勝利後被推上歷史的法庭，以漢奸罪被行槍決。

殺人魔吳世寶

「76號」成了特務機構後，曾大興土木，把這處花園洋房改造成了一個集收集情報、審訊犯人、關押革命黨人和愛國志士於一體的魔鬼的世界。原來的洋式二道門，被改成了牌樓式，橫額上還鐫了「天下為公」四個藍底白色大字，而這個大字的兩側，又安置了兩個「黑洞」，「黑洞」裡向外伸著兩挺機槍，扼守著大門。進得二道大門向東走，南北相對地蓋了兩長條20多間平房，頭兩間就是這個魔窟的「警衛總隊長」兼「第一特務大隊長」吳世寶的辦公室。吳世寶是南通人，身材高大，肥頭鼠目，一臉橫肉，早年是跑馬廳的馬伕，後來改行開汽車，算是「高升一步」了，在參加汪偽特務機關之前，是麗都舞廳老闆高鑫寶的司機，心地極兇殘。

吳世寶不僅在院內安置了看守所、特務電台、審訊室、刑訊室和牢房，在大門外也做足了文章。他叫幾個小特務在「76號」西鄰牆沿下，搭了一間木工間，開一家小白鐵鋪；又在東面樂安坊附近，租了一個店面開雜貨店，作為固定的外圍「望風哨」。另外從曹家渡新康里到烏魯木齊北路秋園附近，還設了各式各樣的小攤販，其實都是他設的「崗哨」，外面一有什麼事，他老早就知道，所以曹家渡一帶的老居民都清楚，「76號」周圍的小攤販也是不好惹的，都有來頭。

至於吳世寶一生究竟綁架、殺害多少人，恐怕難有精確數字，然而至少是襲擊《中美日報》、《大美晚報》、暗殺公共租界上海第一特區法院刑庭庭長郁華（郁達夫之胞兄）、暗殺堅持宣傳抗日的《大美晚報》經理李駿英、總編輯張似旭，暗殺共產黨人茅麗瑛，綁架、殺害著名工商界人士方液仙等等罪惡，的確都是他幹的。

方液仙是中國化學工業社老闆兼總經理，著名的化學專家，他創辦和經銷的三星牌蚊香和牙膏，行銷全國，吳世寶看了眼紅，決定對其敲詐勒索。

1940年7月25日上午，吳世寶指示手下的特務埋伏在方液仙家的附近。10點50分，當方液仙乘自備車從家中出來後，3個特務突然衝上前去，拔出手槍攔阻汽車。方的保鏢正欲出擊，被特務先擊中頭部而喪命。方液仙一面高呼「綁票！綁票！」，一面奮力抗爭，被特務擊傷。吳世寶把方液仙綁至「76號」院內，迫方寫信回家，承認自己與重慶方面有關係而被捕，讓家屬派人前來「疏通」，實際上是叫方家拿錢來「贖票」。方液仙對這些漢奸早就恨之入骨，自始至終拒不承認自己有什麼政治背景，十分堅強。吳世寶逼其就範，施以酷刑，皮鞭毒打，冷水澆灌，致使幾次昏死過去，終被折磨而死。

吳世寶壞事幹盡，下場又如何呢？他和主子李士群一樣，被日本憲兵隊長在食品裡下毒，一命嗚呼了。

中統女傑鄭蘋如之死

丁默邨充當「76號」特務頭子之後，國民黨中的「中統」設計了一條美人計——派出年輕美麗的鄭蘋如。

鄭蘋如的父親鄭鉞是公共租界的江蘇高等法院第二分院的首席檢察官，其母是日本人，所以鄭蘋如人長得漂亮，而且一口日語講得很流利。由於父親與「中統」人員關係密切，「中統」也就順藤摸瓜地找到了她，把她發展為「中統」的情報人員，並且安排她作為「糖衣炮彈」，去襲擊丁默邨這條老狐狸。

丁默邨是特務中出了名的好色之徒，身體病弱不堪，人瘦得像隻猴子，生活上卻縱欲無度。他當年幹「中統」的時候，就認識鄭蘋如，對鄭的美麗和風度早就垂涎不止。現在鄭蘋如自己找上門來，豈不是天大的好事？於是「76號」那片魔鬼的世界裡，就常常出入一個嬌艷的身影。有一天，鄭蘋如按照「中統」的策劃，約丁默邨到靜安寺路（現南京西路）的一家著名皮貨店，為

當年的魔窟「76號」。

她選購一件大衣，「中統」的殺手們在馬路對面和商店附近埋伏。然而丁默邨是個訓練有素的老牌特務，他從商店櫥窗玻璃「反映」中，發現可疑的跡象，而「中統」殺手們眼看「魚」已進網，也有些麻痹大意。於是丁默邨突然向鄭蘋如撒了一大把錢，散在地上，對鄭說：「你撿吧，我走了！」說完撒腿就跑，衝出了商店，跳上自家的汽車。兩位「中統」殺手拔槍射擊時，子彈正打在車門上。

鄭蘋如為這次行動失敗深感惋惜，過了幾天又打電話與丁聯繫，試探丁究竟有沒有懷疑自己。不料「76號」內的電話接線員是李士群安插的內部「眼線」，他悄悄偷聽電話內容並記錄下來匯報了李士群，正給了李士群一個打擊丁默邨的絕好機會。丁默邨懾於李士群的壓力，只得同意逮捕鄭蘋如。

一天，特務們謊稱要給她換一個地方住，把她騙上汽車。後來眼看汽車駛入了荒郊，明白自己黃泉路近。當特務把她帶下車，問她還有什麼話說時，她只是冷冷地說：「子彈不要打我的臉。」槍聲響了，鄭蘋如結束她美麗而勇敢的短暫人生。抗戰勝利後，她的母親向國民黨政府述說了女兒全部的經過。

55 承建商姚乃熾舊居

朱老總叫出名的「怪屋」

長寧區虹橋路1921號內4號樓（現為西郊賓館4號樓）

1960年代初，董必武同志有事來到上海，在市委招待所安排停當後對工作人員說：「聽說你們上海有個『怪屋』，在什麼地方？抽空我想去看看。」工作人員問來問去，誰也沒聽說過有什麼「怪屋」。後來市委招待處的領導知道了直接問董老：「您在什麼地方知道的『怪屋』？」董老說：「我在北京聽朱老總（朱德，曾任總司令，故稱之）說的呀！他說他親眼看到過的。」喔，原來如此！招待處的同志立刻明白了，一定是原淮陰路200號

（左上）姚家老太爺姚錫舟先生。
（中）1950年代的怪屋。
（右）「怪屋」大門口。

那幢姚家的房子，前些日子朱老總確實去看過，此時已劃入西郊招待所的範圍。仔細想想，那屋子的確與眾不同。

如此一來，「怪屋」的名稱就叫開了。那房子建於1948年，是中國水泥廠的老闆、著名承建商姚錫舟（中山陵承建商之一）之子姚乃熾舊居。房子怪就怪在把室外園林搬到室內，一樓客廳裡不僅草木豐盛，還有嘩嘩流水，各式噴泉亦散置其中，抬頭也能見天。房屋的設計者把朝南的一面牆和半個客廳的天花板，全部設計成玻璃幕牆，解決了採光和日光浴的問題。走進內廳，那安置壁爐的一面牆全用亂石砌成，使人感覺像進入深山老林，想必是個冬暖夏涼的地方。據說，這是應用現代派建築大師萊特的「有機建築」理論。

姚乃熾1956年去香港、台灣，此處房子由國家代管。1960年代初市委擴建招待所時此房被圈了進來，同時圈入的還有淮陰路168號姚家花園。1986年姚乃熾回滬，委託親戚向政府提出房子發還；有關部門按政策予以落實。1986年9月姚氏將房子售給房屋使用單位，如今是西郊賓館4號樓。改革開放以後，美國國務卿季辛吉、香港船王包玉剛等貴賓曾慕名來此下榻過，均給予熱情的評價。

56 沙遜洋行老闆沙遜舊居

沙遜為羅根花園打官司

長寧區虹橋路2310號（現由海南置地集團租用）

從市區驅車去西郊公園，路過程家橋的時候，可見路旁綠樹掩映之中，有一幢美侖美奐的小洋樓，這是當年上海灘有名的洋大人沙遜又一處別墅。沙遜是新沙遜洋行的老闆，擁有沙遜大廈（今和平飯店）、漢彌爾登大廈（今福州大樓）等十幾幢高層建築，但他仍不滿足，1930年又以非法手段購得程家橋一帶共104畝土地，並興建了這座花園洋房。

按照當時中國政府的規定，外國人在租界之外不享有土地所有權，沙遜之所以能買到，是耍了滑頭，叫中國人刑鼎丞出面為之購買，然後又立下字據，聲稱其產權歸沙遜名下的大中實業公司。

這幢花園別墅屬於英國鄉村別墅式樣，磚木結構，白粉的山牆上露出黑色木屋架，屋頂呈陡坡紅瓦頂，在大面積的綠地襯托下，顯得極其華麗、典雅。10年後太平洋戰爭爆發，與其他英美在滬人士一樣，沙遜的產業被日本人占據，然後被日偽的敵產管理委員會賣出，後

（左）門廳。
（右）沙遜的又一別墅「羅根花園」。

又幾經轉手，成了寅豐毛紡股份有限公司的房產。抗戰勝利後，沙遜提出要收回羅根花園的產業，官司打了好幾年，沒有結果。解放後，他繼續打官司，上海地方法院細審了案子，委託律師告訴他，根據中國國家法律，外國人在郊區的土地一律無償收回國有，於是沙遜的希望又落了空。

1956年公私合營時，仍是毛紡廠的財產，後歸上海紡織局職工療養院使用，並被列入保護建築。改革開放以來，由海南置地集團租用。

57 房地產大王沙遜舊居

天價別墅的前後兩位主人

長寧區虹橋路2409號（現為民居）

1980年代，虹橋路上的龍柏飯店準備擴建時，擬將一處花園洋房拆除，另建一幢現代化的賓館。消息傳出後，一位香港人士「飛」到上海。手持房產證件與有關部門交涉，要求收回這處洋房。

有關部門抽調舊檔一查，喔！原來是當年房地產大王沙遜的又一處別墅，抗戰勝利後賣給美興洋行的買辦厲樹雄。解放初人去樓空，國家代管了房子，如今來者正是厲樹雄的代理人。

這處花園原先占地60畝，洋房由公和洋行設計，於1932年建成，造價每平方米達317銀元。那時沙遜仗著財大氣粗，不惜工本地從英國運來橡木和其他建築材料，底層基礎用磚石砌築，門窗一律用帶有瘢疤的材料製成，以求突出古樸的英國鄉村風味，而且建築五金用品全部要求手工製作，其造價之巨可想而知。

抗戰期間此處被日本人強占。戰後沙遜鑒於中國局勢不穩，以12萬美元賣給了厲樹雄。厲樹雄將其改成會員制俱樂部，每人500美金，所以，抗戰後，這兒成了上海國民黨軍政要員及金融鉅子、社會名流的休閒場所。

一到週日，闊佬們常常一家一部轎車地呼嘯而來，在其中宴飲、打球，尤其銀行界人士居多，所以當時曾有人開玩笑說：「如果現在這房子上落下一枚炸彈的話，上海乃至中國的金融市場肯定大亂！」解放後這兒曾作為市委和華東局領導的辦公處，後作為招待所，現已由厲樹雄後人居住。

沙遜別墅舊影。

(上) 沙遜別墅。
(左) 沙遜別墅成為俱樂部後，週末前來虹橋俱樂部渡假的先生太太們。
(右) 花園一角。

58 徐志摩父母等人舊居原址

孫伯群范園拜「老頭子」

長寧區華山路1220弄6號（現為華頤賓館）

華山路、江蘇路路口以西，解放軍八五醫院以東，有一條不大的弄堂。弄堂口的一幢房子被整修一新，現在是長寧區有線電視台的辦公處。再往裡走可就慘嘍，一群不大不小的二、三層樓房，遍身灰土，像一個個久病的老人在打瞌睡。不要小看這些小樓，半個多世紀之前，乃呼風喚雨之地，勢力範圍可達整個長江一線。其中有一幢，房主是洪幫裡的「老頭子」、輩份還在杜月笙之上的張仁奎。

這個地方叫范園，共有12幢樓房，房主原先不是大銀行家、大實業家就是社會名流。1917年12家共同買下這塊地皮，隨後就開始各家蓋起了丰姿各異的洋樓，李銘、葉明齋、蔣抑卮、朱博泉、徐志摩的父母和前妻張幼儀均住在此。12幢房子中有兩幢是孫家的，即前清光緒帝師孫家鼐的侄孫孫多巘和孫多焱擁有。他倆的兒子孫仲立和孫伯群，後來成為孫

（上）在美國留學時的孫伯群。
（下）孫伯群夫人陶祖揆是上海灘有名的美人。

范園側景。

氏家族企業阜豐麵粉廠和中孚銀行的首領。孫家那時樹大招風，孫伯群的大兒子孫以晨不幸在廠子附近遭綁票，土匪託人傳信來勒索鉅款，家中一時拿不出此數，又怕土匪撕票而不敢報警，男女老少急成一團。

此時有個朋友出了一計，說是你們東邊的鄰居不是「老頭子」張仁奎嗎？綁票的事他肯定知道，洪幫都聽他的，何不去磕個頭呢？拜過這個老頭子肯定就沒事了。孫伯群不得已只好前去磕了頭，兒子不幾天果真回來了。錢也不用花了，一場驚險就算過去了。可是「文革」中這卻成了孫伯群的一大罪狀。當年孫伯群的房子現在改成華頤賓館，被加高了，是范園裡最高敞的一幢。

59 金融家葉明齋舊居

用皇帝印璽壓鹹菜的葉家

長寧區華山路1220弄10號（現屬解放軍八五醫院）

華山路、江蘇路路口的范園（在解放軍八五醫院高樓之後）共有12幢花園洋房，解放前是上流華人的住宅區。位居中央的那幢四層樓房最高大、氣派（孫伯群的那幢是解放後加高的），其舊主人是過去日本正金銀行的買辦，蘇州洞庭山人葉明齋。

這幢房子建於1918年，融合了歐洲各式建築語言——陡峭的坡頂類似北歐，寬大的平台類似英國鄉村，明快的紋飾又屬現代派，反映了海派建築的複雜、多樣性。葉明齋是蘇州金融買辦世家席家（三代人繼任匯豐銀行買辦）席縉華的女婿，是上海橫濱正金銀行的第一任買辦（1893—1918年），而其丈人席縉華則是英商有利銀行的買辦。他有一個兒子叫葉承銘，留學美國，不熱中實業，卻喜歡收藏古董，一生並未正經做過什麼事，反正家裡有的是錢，又喜結交國民黨元老，尤其與司法院長居正稔熟，在抗戰勝利後還曾參加競選上海市長。

葉明齋舊居陽台。

葉承銘收藏的古物山囤海積，各個房間俯仰皆是，以至於有一天傭人要找一塊石頭壓鹹菜缸，一時找不到乾淨的

葉明齋舊居。

石頭，看見門邊有一塊方石頭挺重，拿來就壓進了鹹菜缸。他家古董多了，缺了件把根本看不出來。後來取鹹菜時有人發現，那方石頭竟是一塊清朝某代皇帝的印璽。此事哄傳出去，至今仍是老上海們的談資。葉承銘的大太太生了兩個兒子，繼室是第一號牌照汽車的主人、房地產大王周湘雲的弟弟周純卿的大女兒周雲玲。周家的華山路花園賣掉後，葉承銘曾拿150根金條學做生意，結果一事無成，抑鬱而終。

60 大銀行家李銘舊居

李銘敬告老蔣「取蛋必先養雞」

長寧區華山路1220弄8號（現屬解放軍八五醫院）

李銘舊居。

牆飾。

華山路范園內葉明齋舊居的東鄰，是原浙江實業銀行總經理李銘的老房子。那房子樓高三層，雖不如葉宅高大，但論氣派和精緻亦屬上乘。最突出的特點是，無論是曬台、平台、台階還是主體造型，都呈現一種弧形的線條，透露出「將軍肚」式的雍容和壯美。房子建於1917年，是李銘與張公權、陳光甫（號稱上海銀行界的「三鼎甲」）抗拒袁世凱的「停兌」命令，取得勝利之後的乘興之作。

李銘是紹興人，日本留學生，辦金融很有一套。如果視李銘抗

浙江實業銀行總經理李銘先生。

拒袁世凱為「硬頂」的話，他對付蔣介石的辦法則是「軟泡」。北伐勝利之後，蔣介石到處抓銀行家敲竹槓，以補充軍費，江浙財閥們被逼得走投無路。其實商業銀行的最高權力在董事會，總經理並無權把大把的錢白送你老蔣，況且把江浙這中國最富庶地區的銀行掏空了，國家政權的命運也就危在旦夕了。所以李銘向蔣介石進呈一句名言：「取蛋必先養雞！」國家只有支持把銀行辦好，銀行才能生出「金蛋」來支撐國家，此話一語中的地說明了問題，在當時流傳很廣，為銀行家們找到一個喘息的機會。而李銘自己辦銀行的方針亦是重在「養雞」，他的「雞」便是外國洋行和商團。

他大量購買外商的債券和股票，在洋人中有了很好的聲譽，同時在第一次世界大戰中積極為德國人轉移財產（如寶隆醫院），又贏得了德國人的特別信任。上海的德商都去他那兒存款和辦理進出口押匯等業務，第二次世界大戰中又爭取到瑞士、挪威等國的存戶，所以他家的門前，每天總是停滿洋人的轎車，是范園裡挺顯眼的一景。按說李銘對國民黨貢獻不小，可是到了1948年金圓券時代，國民黨也翻臉不認人了，派人來抓他說他套匯。他事先得到風聲趕快避入美國領事館，然後逃往美國，再也沒回大陸。

61 汪精衛公館

冤案不斷的汪偽魔窟

長寧區愚園路1136弄31號（現為長寧區少年宮）

王伯群為藏嬌之地丟了官

愚園路上有兩處最有名的花園洋房，一處是當年大隆機器廠老闆嚴慶祥先生的「嚴府」，另一處是現在作為長寧區少年宮的「汪公館」。

「汪公館」是敵偽時期汪精衛的公館，是一幢豪華精美的西班牙式別墅，園內一方平整的綠茵，把小樓映襯得格外雍容。在抗戰之前，這兒是何應欽的小舅子、國民黨交通部長王伯群的藏嬌之地。

王伯群登上交通部長的寶座後，又兼任大夏大學（解放後併入華東師範大學）的董事長和校長，其時中年喪偶，看中了大夏大學的「校花」、當時上海教育局局長的侄女保志寧。保志寧是時髦女郎又是大家閨秀，沒有絕對可觀的條件保證，保家豈肯嫁女？於是開出3大條件：第一是支付10萬美元，存入外國銀行，作為保志寧日後生活的保險費；第二，彩禮、嫁妝、結婚費用要用幾萬法幣；第三，建造一幢價值幾十萬元的花園別墅，作為藏嬌之地。

對王伯群來說，前面兩項尚好對付，唯獨第三項大傷腦筋。事也湊巧，當時正值南京政府交通部在建辦公大樓，承建商辛豐記老闆心領神會，自告奮勇為王伯群解憂，悄悄將愚園路上的這座洋房

（上）樓梯口。
（中）汪精衛。
（下）汪公館原先的主人王伯群。
（右）汪公館全景。

「贈送」給王伯群。

1935年，王伯群躊躇滿志，和保志寧在此典雅的大廳裡舉行了婚禮。

然而好景不長，他們夫妻僅在樓中住了兩年半，抗日戰爭爆發，王伯群慌忙攜妻南逃，這幢樓就交給保志寧的叔父、上海教育局局長保君健代管。王伯群到了重慶不久，收受辛豐記賄賂事被揭發出來，一時朝野嘩然，結果官也丟了，從此削職為民，一蹶不振。

陳璧君為「日偽密約」大發雷霆

1940年，大漢奸汪精衛在李士群的安排下，住進這幢房子。同時，把整條弄堂裡的住戶統統趕走，住進了汪偽的一批「高幹」。這條弄堂有十餘幢獨立的小花園洋房，面向愚園路只一個出口，非常幽靜和偏僻。原有的住戶都是上海灘的富戶，汪精衛一來，他們只得另謀安身之地。這些小樓先後就由周佛海、褚民誼、梅思平、陳春圃、羅君強等人分宅而居，有百來名武裝警衛日夜嚴守，沒有汪偽所發的證件或預先約定的賓客，外人斷然無法靠近。而弄堂口的臨街大花園洋房，就是汪公館。汪在進入之前，還在花園四周裝了瞭望亭，圍牆上加了鐵絲網，以防不測。

1941年初，汪偽的核心人物高宗武、陶希聖脫離了漢奸陣營，逃到香港，在香港大公報上，發表了汪精衛與日本人的「日汪密約」，公開聲討，激起全國輿論的群情激昂。當時汪精衛的全班人馬正在青島開會，上海的大本營中只有陳璧君和少數人在「守營」。陳璧君一看形勢不好，硬逼著陳春圃以「秘書長」的名義發表聲明，說高宗武公布的「日汪密約」是假的。陳春圃是陳璧君的侄兒，在汪偽政府裡擔任偽行政院秘書長和偽實業部長，是汪府裡信得過的紅人，但此人一向膽小如鼠，對汪家俯首貼耳，陳璧君常常大發雌威，他也只得逆來順受。這回不曉得怎麼回事，居然也敢頂撞這隻雌老虎了。

陳春圃說：「我是哪門子秘書長啊！那密約就是汪先生簽了字的真本嘛！」陳璧君破口大罵，大發雷霆，不達目的不肯罷休，陳春圃知其脾氣，只好像玩把戲似地草草發表個聲明了事，算是騙騙自己。陳春圃在抗戰勝利後，與陳璧君等都被國民黨政府關押。解放前夕，國民黨政府曾準備把他們帶往台灣，但到了解放軍南下時，他們自己逃跑都來不及，怎能顧及這一批「珍稀動物」！解放後又都關押在提籃橋監獄。陳春圃回憶汪公館生活時說：「我這一輩子當汪府家奴，直到吃官司後才算解脫，謝天謝地！」後來他的獄中寫了一篇回憶錄，叫〈汪精衛集團投敵內幕〉，文中大罵汪、陳夫婦，也算出了口窩囊氣。陳在「文革」前已中風去世。

李士群與周佛海、羅君強在此結怨

1941年7月，日汪以蘇州為中心開始「清鄉」。汪精衛決定讓周佛海的親信羅君強（周佛海的心腹、偽安徽省省長、偽上海市政府秘書長）來幹這件事，就把羅叫到汪公館，面授機宜，命羅組織籌備「清鄉督辦公署」。羅聽後心花怒放，立即回家大宴賓客，拼湊班底。他舉起酒杯洋洋得意道：「我要當清鄉督辦了，這可是個肥缺呵，各位老兄，跟我一起發財吧！」羅君強興奮了一陣子，誰知這隻燒熟了的鴨子又飛了，最後竟然被李士群給奪去了。

操縱著汪偽政權的日特「梅機關」負責人影佐禎認為，羅君強是個文官，「份量」不夠，於是李士群趁機鑽營，獲得影佐禎的信任，並透過陳春圃向汪說明日本軍部的意圖，要李士群上台。汪精衛只好再次把羅君強叫到汪公館，叫他停止籌備工作。而羅氏早已大宴過賓客，況且封官許願了一大批親信嘍囉，如此半路殺出程咬金，叫他如何下台？從此對李士群恨之入骨，一有機會就打擊報復。

李士群曾勸周佛海，應仿效宋子文當年辦稅警團的樣子，用武力來保證稅收，周佛海一聽言之有理，就叫李士群籌備。李士群非常高興，選陸家濱路上的教會學校「清心女中」為團址，準備擇吉開張。這下羅君強找到了報復的時機，他對周佛海說：「一支3萬人的精銳部隊，怎麼可以交給李士群？應該掌握在我們自己手中！」周恍然大悟，就對李士群說：「日本人要你專管特工、稅警團的事，老弟你不要插手了。」氣得李士群七竅生煙。這也是周、李交惡的一個重要原因。

羅君強對李士群的報復最後達到了極限。後來日本人也不喜歡李士群了，羅君強與周佛海就利用日本人之手，把李士群毒死。下毒地點在外灘的百老匯大廈（現上海大廈），當時羅、周都在場。

保志寧「復員」回滬爭房產

抗戰勝利之後，國民黨接收了汪公館。後來保志寧透過何應欽的權勢，又從軍統手裡奪回這幢房子。那時她限於經濟實力，已無法消受這麼大的豪宅，就將一樓、二樓及部分附屬的房屋租給英國大使館文化處，租期5年。1948年，保志寧飄洋過海，到美國紐約定居去了。

解放後，這幢房子開始了新的使命，最初由部隊機關使用，後為長寧區委的辦公地點。1960年元旦，長寧區少年宮在此成立，成了青少年學習、娛樂和培養專門技能的活動中心。樓內結構如舊，只是草坪上架起各種遊樂器具，汪偽時期的瞭望台和鐵絲網均已拆去，1136弄內的諸多小洋房，現在有的成了開發公司，有的成了飯店，也有的擠入72家房客。

歷史的變遷，在此留下深深的印轍。

62 實業家嚴慶祥故宅

嚴慶祥舊居「神仙」聚會

長寧區愚園路、鎮寧路路口（現為民居）

德國人到愚園路來尋根

（左上）嚴家花園（愚園路）舊影。
（左下）嚴慶祥（左）、劉海粟（右）、顏文樑（中）在嚴家花園。

幾年前，一個德國老人懷揣幾張發黃的老照片來到上海，他說是來尋根的。照片上是一處林木繁茂、細草如茵的大花園，花園的盡頭立著一幢漂亮的二層洋樓。那洋樓朝大門口的一角，伸出了方方正正的雨廊，雨廊的上部圍以欄杆，恰好構成二樓寬大的露台。參天的老樟樹、高大的雪松，撫摸著樓頂魚鱗狀的紅瓦，紅瓦上站著一對筆直的煙囪，居高臨下有如哨兵。樓前朝南的台階上，高低錯落著一個幸福的小家庭。

德國人說，他小時候跟父母住在這個花園洋房裡，可惜

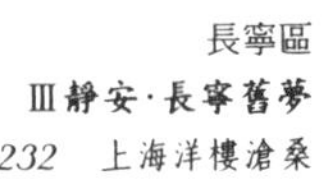

嚴家在武康路上的花園。

記不得在什麼路了，他想再去重溫一次孩提時代的舊夢。

神通廣大的中國旅行社幫了他的大忙，找來一個喜歡拍攝上海老房子的攝影記者。記者拿著老照片左看右看，領他來到了愚園路，叩開了嚴家花園的大門。嚴家後人嚴德泰先生引領他們走進花園，德國人眼前頓時亮了起來，激動地擁抱了他，淚水在眼眶裡打轉……

原來這是一個德國醫生的老房子，第二次世界大戰中，德國人已無心在上海居住，紛紛打包回國。他的父母賣掉了這幢房子，遠走高飛。恰好嚴家原來在平涼路25號的房子，八・一三戰火中臨近前線，十分危險，於是急急搬至西部租界，開始住在華山路、江蘇路路口（現為衛生學校），後來經人介紹，買下了這個有5000平方米的花園，和足以安置幾十個人居住的洋房。嚴家在此一住就是60多年。

嚴家客廳裡懸掛的中山先生手跡。

「神仙」們的沙龍

嚴慶祥先生一家三代都是著名的實業家。他的父親嚴裕棠先生是中國第一代工商業者，於1902年創辦著名企業大隆機器廠。慶祥先生為家中長子，18歲就子承父業，接辦了大隆機器廠，將一個主要從事外輪修理的專業廠，發展成為能夠生產抽水機、脫粒機、碾米機、拖拉機以及十餘種紡織機械的綜合性大廠。接著又創辦了蘇綸紗廠，並出任常州民豐紗廠和鄭州豫豐紗廠的總經理。後來他身兼6廠，南北舟車，縱橫開合，到抗戰時期，日本人占領了大隆機器廠，他的六弟就到租界裡，創辦了以製造整套棉紡機為主的泰利機器廠，掌管了2家機器廠和5家紗廠，規模達17萬枚紗錠、2000台布機和1000台工作機，把大隆機器廠發展成中國罕見的大型民營集團式聯營企業。

解放後，年逾六旬的嚴先生於1958年因嚴重的心臟病退休。退休後的日子該怎麼打發？那時劉少奇同志倡導舉辦「神仙會」，以一種鬆散的組織形式，團結和聯絡那些老一代工商業者，性質介乎於現在的雙月懇談會和藝術沙龍之間。這的確是個好主意。於是嚴家花園每週都有藝術界的朋友們前來品茗聚會，吟詩作畫。常來的有著名藝術家劉海粟、謝稚柳、唐雲、范韌庵、王個簃、朱屺瞻、錢君匋、朱龍湛等。1950年代和1960年代上半期，書畫家的經濟狀況大都不太好，大統一的經濟生活和政治活動，使得書畫藝術幾乎與小資產階級情調同論，書畫作品賣不出去，畫家只能同聲相聞，自娛自樂。到三年困難時期，吃飯都成了問題。在那些年歲裡，進入嚴家花園的客人真的一個個都成了「神仙」，不僅有茶、飯相待，更重要的是藝術家的平生意趣在此得到真正的理解和發揮。許多年後，這些老藝術家們回想起當年在嚴家花園的藝術生活，無不感慨深沈，那是一個在特定條件下，能熨平他們心裡創傷的藝術之家。

「文革」中，有一段時間嚴老被造反派關押在華豐鋼鐵廠，不許回家，家中文物字畫及好友的互贈作品均被抄走。有一天一個看管他的造反派對他說：「沒你的事了。你回家吧！」嚴老摸摸口袋，口袋裡一分錢都沒有，怎麼乘車回家呢？實話實說，車錢沒有，於是從別人那兒湊了點零錢總算回到家裡。這時家裡的花園洋房已被造反派占據，後來又進駐了部隊，嚴老夫妻倆被趕到一間僅有8平方米的小房子裡居住。他不顧自己的安危，到家第二天就去看望好友劉海粟。當時劉海粟家的周圍已被大字報淹沒，進得樓來，原來他家也已成了造反派的司令部，劉海粟蝸居在三樓，上樓要登記，要寫明姓名和身份。嚴老毫不畏懼地寫下大名，登樓造訪，成為「文革」大難中，第一個去探望劉海粟的人。劉海粟先是驚訝嚴老這個時刻到來，兩人坐定之後，才慢慢從相對的眼光中，找回了一絲「神仙」的感覺。

實業與藝術並舉的人生與家族

嚴老65歲以前全力從事實業救國，65歲之後醉心於書畫藝術和孔子思想的研究，無論是實業和藝術，都像他做人一樣，認真地做出了成就。

「文革」時打砸搶成風，使老人身心受到極大的傷害，這使他愈發感到孔子的思想是對的。後來又要批林批孔了，反倒促使他下決心一定要把孔子思想搞清楚，究竟什麼是孔子的儒學。那時他逐字逐句地研讀《論語》，逢人便講孔子，從不掩飾自己的觀點。報紙上天天在批林批孔，而他對來訪的朋友們卻大談孔子學說的合理性、科學性，使家裡人無不深深為他捏一把汗。而嚴老認定是真理

（左）嚴家花園一角。
（右）「神仙」們在嚴家花園。

的，就堅持開誠布公，從不隱瞞自己的觀點，真正到做到了大智大勇，無私無畏。

終於，他的研究在晚年結出碩果。他在病床上寫下數以千計的紙條，分類匯編後，成為《孔子與現代思想》一書。又歷經6年寒暑，與范韌庵先生合作，編就《中國楷書大字典》。這部皇皇巨著，是從1125種楷書碑帖中精選每字首文3079字編成的，每字多達八、九十種風格，共計19400餘字。而且每字均注明了時代、作者、帖名，所有稿本均採用原帖剪貼影印，故能絲毫不差，完全保存了原作的風格氣韻，被行家們稱為「楷則」。

嚴老晚年不僅自己以書畫自娛，他的第6個兒子嚴德泰亦成了知名的畫家，曾擔任上海水彩畫協會會長。現在的嚴家花園，正是嚴德泰先生的「畫院」。

較之藝術更有廣泛成就的是嚴家的實業精神。嚴老的子孫現在遍布美國、加拿大、澳洲和香港、台灣地區。台灣的裕隆汽車公司便是他家六弟夫婦的傑作。在美國、加拿大和澳洲的子孫也在積極為中外貿易奮鬥，埋頭苦幹。他們在遇到家庭的節日的時候，還會到老房子裡來聚會。老房子樓下的兩間大會客室和一間餐廳，牆上掛滿家族各個時期的歷史照片，某種程度上，這是一個中國民族工商業者艱苦創業的紀念館。

63 汪偽上海市長陳公博舊居

陳公博居家神秘客人多

長寧區新華路200號（現為漢語大辭典出版社）

新華路靠近番禺路口的地方，有一幢莊重而雄偉的房子，立面採用中國傳統的重簷大屋頂，一二層周圍環以圍廊，大門口左右蹲著兩隻石獅，尤其圍廊上或單或雙的立柱，把房子襯托得格外氣派。這幢房子建於1930年代，解放後曾作過部隊的幹部宿舍和部隊醫院，改革開放以後漢語大辭典出版社在其中辦公，而在60年前，這兒是陳公博住宅。

1940年3月，陳公博正式踏上汪精衛的賊船，從香港來上海出

陳公館全景。

（左）陳公博1946年因漢奸罪名被判死刑。（右）陳公博新華路的舊居。

席汪偽的六屆二中全會，擔任偽立法院院長。10月，因汪偽上海市長傅筱庵被刺（在家中熟睡時被傭人朱升源用菜刀砍死），陳就繼任了上海市長。1944年11月汪精衛在日本病死之後，陳又登上汪偽政權的最高峰——代偽國民政府主席、國民黨中央執行委員會主席、行政院院長。

官做得大了，家中客人自然格外地多，尤其陳公博投偽後仍暗中與重慶方面保持聯繫，來客中就更多了些神秘色彩。1945年7月，戴笠安置在上海的秘密電台被日本人捕獲，軍統上海站站長陳祖康跑到陳公博家求援，陳一口答應幫忙。第二天，陳公博在家中請客，請日本上海特務處長五島和憲兵隊特高課課長吃飯，席中陳抱怨說：「貴國首相請我設法和重慶方面聯絡，現在我剛有一點頭緒，你們便來破壞我的電台，叫我怎麼辦？」五島只好表示歉意，事後送回了電台，釋放了軍統的人。陳公博當上代主席後，人在南京而家仍在上海，而且在淮海中路東湖路又占據一處更大更漂亮的花園，作為官邸，直到抗戰勝利後他被投入監獄為止。

64

陳納德和陳香梅的蜜月小屋

長寧區中山西路1350號內（現為上海電影製片廠外景拍攝基地）

中山西路、虹橋路西南部的拐角上，有一道暗紅色的磚牆。磚牆的旁邊，聳立著雄偉莊嚴的上海市中級人民法院大樓；而磚牆的裡面，卻「圈養」著十幾幢小巧玲瓏的各式洋樓。「圈養」是說眼下它們並沒發揮多少作用，平時總是空關，只有當電影、電視劇的拍攝需要場景時，人們才來此乒乒乓乓「槍戰」一番，以至於有幾幢樓的玻璃窗總是破碎的。前些年，這兒曾是上海市第二結核病醫院。50多年前，這兒可是上流人物的居住小區——院內有荷花池、大草坪、花架和茂密的樹林……十幾幢或紅或黃、或紅白相間的小樓，就在水池邊的花樹下各展丰姿。

這個地方就叫美華村。它的出名不僅因環境優美，還在於有一幢「飛虎」將軍陳納德和陳香梅的蜜月小屋。陳納德和陳香梅相識於1944年的昆明，正是抗日戰爭的後期。陳納德是大名鼎鼎的「飛虎隊」隊長，是率領美國第十四航空隊援華作戰，擊落了2000多架敵機的大英雄，陳香梅卻是剛從大學畢業，初入中央社的女記者。在他們相愛之前，陳香梅的姊姊陳靜宜也曾在陳納德身邊工作，擔任醫生，但並未碰撞出感情的火花。陳香梅則不同了，她稱陳納德為將軍，將軍則喚她「小東西」，常常用一種「俯衝」式的目光，洞穿她的肺腑。將軍的求愛方式也很獨特，常常是用他寬大厚重的大手，把那雙「冰冷的小手」捏得生疼，堅持要「一個漂亮的女孩

嫁給我這匹老馬！」自然，橫亙在他們面前的障礙很多。首先是年齡的差距，那年「老馬」已54歲，而女孩才23歲；其次還有宗教的差異和來自女方家庭的阻力。可是，勇猛的飛虎隊長永遠是無敵的。當他以工作的「瘋狂勁」對付他的「愛情障礙」時，所有的障礙很快就

（上）陳納德將軍。
（下）裝修一新的陳納德小屋近景。

崩潰了。於是，將軍和「小東西」於抗戰勝利後的上海（1947年12月21日下午），在西區美華村這幢英國鄉村別墅式的小樓裡，舉行了跨越東西方的、英雄與美人的動人婚禮。這時的陳納德已是戰後「民航空運公司」的首領，陳香梅是中央社上海分社的記者；為了協助將軍，陳香梅索性辭去記者的工作，也投入「民航」初建時的「瘋

狂」。

陳香梅在後來的回憶錄中寫道：「婚禮規模不大，但是，美麗的鮮花像堤防一樣地堆滿了寬大的起居間和廳堂，以及陽光照射的走廊。1000朵用菊花鑲嵌的大鐘，垂懸於起居室的天花板下。在中國，菊花象徵著純潔、忠貞、奉獻與長壽……婚禮是在陳納德將軍在上海的私寓舉行的（那是一幢寬大漂亮的房子，有著很多僕人，是將軍的一位中國朋友慷慨借給他的。那時候，將軍已將他的每一分錢都投資到民航公司了），由基督教士和美國駐上海總領事證婚。參加婚禮的除了父親、繼母外，還有大姊和當時的外交部次長葉公超叔叔，以及陳納德的助理舒伯炎上校和他的夫人；另外還有他的好友，也是他的私人醫生詹德狄上校。」

這是美華村一個美妙的夜晚——新娘披上雪白的婚紗，穿上上海灘最負名望的服裝設計、法國「綠屋夫人」縫製的嫁衣，陳納德仍是一身戎裝，他們在1000朵菊花簇成的花鐘下互相祝願，願終生相守。新郎倌「老馬」為「小東西」戴上結婚戒指，樂師用小提琴奏起〈允諾〉、〈你的眼睛是甜酒〉、〈你是我的陽光〉等新娘喜歡的愛情歌曲，接著，他們就在大廳中翩翩起舞。

陳納德、陳香梅女士結婚照。

為了不製造新聞，他們只邀請少數幾位朋友共進晚餐。可是不知誰走漏了消息，在開始用餐時，新聞記者還是鑽了進來。當傭人來報有記者來找新娘時，新娘子正在和客人交談，陳納德走過來說：「陳納德夫人，外面有人找您，您去應付一下吧。」這是「陳納德夫人」一詞第一次應用，大夥兒一下子笑開了。第二天，各大報刊雜誌都刊登了這個不同凡響婚禮的消息和照片。蔣介石、宋美齡夫婦聞此喜訊後，派人送來兩件賀禮，一座象牙雕刻和一對古瓷枱燈，均極為名貴。宋美齡還親筆書寫賀信一封，祝新婚夫婦幸福愉快。

那時他們實在忙碌，以至於沒有辦法安排度蜜月。婚後的第一個月是在緊張的工作中度過的。結婚的第二天他們仍去上班，甚至在耶誕節那天，別人都休息了，他們仍趕到外灘17號（「民航」借用字林西報大樓辦公）七樓去上班。節假日裡整幢大樓都在休息，電梯也不開，他們就手拉手地爬上114級樓梯，一邊唱著節日裡快樂的歌。他們在這幢小樓裡共同住了二十幾天，算是一個工作式的「蜜月」。1948年1月中旬，他們遷往虹橋路上另一處花園，是陳納德借錢買下的新居（據說已拆），一直住到1949年離開上海為止。

Ⅳ 黃埔風雲

65

外灘1號：亞細亞火油公司大樓

黃浦區中山東一路1號（現為中國太平洋保險公司）

用「殼牌」火油叩開中國的大門

中山東一路外灘1號那幢巨石壘成的大廈，解放前是亞細亞火油有限公司在中國的大本營。這個公司是國際石油壟斷組織之一，隸屬於英荷殼牌石油公司，從19世紀末開始，用「殼牌」火油打進中國，是壟斷舊中國石油市場的三巨頭之一。另外兩家是美孚火油公司和德士古火油公司，他們使中國結束了傳統的油燈時代，在中國賺取驚人的利潤，同時也在中國這塊土地上，打了半個多世紀的市場爭奪戰。

「殼牌」火油在1890年就已進入中國，開始是由德商的咪吔洋行經銷；1907年，亞細亞火油公司在上海九江路7號成立辦事處，自行推銷，不久又從輪船招商局手裡買下外灘1號的房產，並於1913年拆除舊房，請馬海洋行設計，建造了現在這幢「折衷主義」風格的鋼筋混凝土七層大樓（現在的第八層是1939年翻造時又加蓋的）。這塊地皮及原有房產，原先是兆豐洋行（跑馬廳老闆霍格的洋行）的產業，19世紀後期轉歸美國旗昌洋行所有，1878年被招商局購買後，分給與航運配套的電報局使用，後因招商局

亞細亞石油大廈夜景。

亞細亞石油大廈。

經營不力，又轉賣給亞細亞。

亞細亞火油公司從上海出發，很快在全國各大城市都建起了分公司或辦事處。這些分公司或辦事處都沒有油棧、油罐、裝聽間和銅匠間，還在沿江或沿海建有碼頭，備油船停靠。這些油罐，大的可裝油4000至8000噸，小的亦可裝油200至500噸，僅在上海地區就設了高橋沙、凌家木橋和西渡三大油庫，又在楊樹浦和復興島設立了轉運站，另外還有5個儲油站、1所製燭廠、50多處加油站、14處住宅區、兩座帶公寓的辦公大樓。該公司除了運銷殼牌火油及石油製品外，還經營白蠟和蠟燭，據不完全統計，至解放前夕，中國各地受雇的華籍員工共達7000人。

「三位一體」扼死「油遍地」

亞細亞打進中國的時候，美孚火油公司已搶先占領市場，迫使亞細亞必須花血本打廣告戰和廉價戰。當時中國農村照明還是用植物油和土製蠟燭，亞細亞不惜工本地在農村一些高牆上，畫上殼牌火油和僧帽牌洋燭的巨幅廣告，同時，大量贈送火油燈、火油爐和畫有廣告畫的月份牌，在燈罩和馬口鐵罐上印上「亞細亞油」的字樣。開始打牌子的時候實行廉價推銷，價格上也與美孚「別苗頭」，1元5角可以買到60市斤「洋油」，比植物油便宜，照明亮度也遠遠超過植物油，於是農民紛紛「棄土從洋」；買整聽的顧客，還可以得到一只價值1、2角的鐵皮聽，於是銷路很快就在中國打開。然而銷路打開後，火油價格就升上去了，從原先的兩聽油1元5角左右漲到2元，以後又漲到3元、3.5元、4元、5元，至抗戰前夕，已漲了233%。

繼亞細亞之後，又有德士古石油公司進入舊中國石油市場，開始了「三家分晉」的角逐時代。他們一會兒競相殺價，排擠對方，一會兒又表面上聯合起來，訂立齊價合同，其實三家公司各自雇用了情報人員，刺探對方的營業動態，各自為政，爭奪生意，只有在對付共同的敵人方面，他們為了自身的利益，才真正地團結起來。

1930年，中國人柯菊初、許世英、李調生組辦的光華油公司，因為英美提高了油價，就與蘇聯「油遍地」公司簽定經銷合同。光華油公司資金雄厚，又有中國銀行和國貨、大陸、國華三銀行共組的銀行團作後盾，在上海建有油池倉庫。該公司與蘇聯「油遍地」的聯合，勢必對亞細亞及美孚、德士古構成威脅。於是，他們來了個「三位一體」，聯合殺價，一定要把「油遍地」掐死。

他們把煤油價格從每對煤油聽10元左右，陸續下跌到5元，企圖迫使對手就範。當時「油遍地」極想占領中國這個市場，為打開銷路也不斷降價，要求光華油公司按市價大膽拋售，於是「三位一體」又猛跌到每對煤油聽3元6角，除去關稅、包裝和運費等，已遠遠「吃」入成本之內，而「油遍地」開始不示弱，硬挺了兩年，最後實在挺不住了，損失達1200萬元，不得不退出中國市場。光華油公司也債台高築，虧本500萬元，只得把浦東的油庫倉棧以400萬元作價售給「三位一體」。「油遍地」退出中國市場後，「三位一體」在半年內兩次抬價，第一次提到每對7元6角，第二次漲到每對9元6角，跌價競售的損失很快又賺回來了。

中共地下黨在這兒氣氣派派地做生意

1941年太平洋戰爭爆發後，亞細亞公司連同大樓都被日本人接收，油罐幾乎全部拆除。亞細亞公司的英籍核心人員逃往重慶，以「戰時規模」繼續在內地營業。抗戰勝利後復員回上海，兩三年之間，其規模反而超過了戰前。

這時的亞細亞公司大樓，有一層樓租給從重慶復員回滬的「廣

亞細亞石油公司高級職員住宅（巨鹿路889號）。

大華行」做生意，他們怎麼也不會想到，這個整天有國民黨上層人物和政府人物出入的「廣大華行」，會是中共地下黨的貿易機構。

「廣大華行」的老闆盧緒章是電影《與魔鬼打交道的人》中地下黨員張公甫的原型。他在1933年與幾個朋友合夥，在天潼路怡和里18號二樓的亭子間，集資辦起了「廣大華行」，經營進出口貿易和藥品、醫療器械的郵購業務。他本想透過廣大華行累積一定的經濟實力，發起成立一個青年組織，抗戰中接觸了中共地下黨，成為中共黨員。1940年夏天，江蘇省委負責人劉曉陪他到重慶，在紅岩村秘密會見了周恩來，從此他直屬周恩來的單線領導，「廣大華行」就成了為中共中央籌集資金和外匯的秘密工作機構，抗戰中公司遷至武漢和重慶，抗戰勝利復員回滬，就開進了亞細亞大廈。

這時，廣大華行的業務已擴大到海外，在美國和香港均設有辦事處，生意越做越大，一時間，美國施貴寶藥廠的「盤尼西林」和信誼藥廠的「維他賜保命」的大幅廣告，透過廣大華行遍布大上海，廣大華行財源滾滾，名聲大振，以至於引起陳果夫的重視，託他舉辦中興製藥廠。接著，盧緒章又在香港等地開設南洋銀行、廣業房地產公司等企業和金融機構，事業不斷發展，僅進口「盤尼西林」一筆生意，一下子賺了幾十萬美元。政治上又有陳果夫這塊擋箭牌，使得南京方面關於盧緒

亞細亞石油大門。

章「通共嫌疑」的情報，一直被「存檔」了事，並不真辦。

可是意外事件還是發生了。1948年6月，曾擔任過廣大華行聯絡員的共產黨員邵平和他的妻子同時被捕，邵的妻子很快叛變，廣大華行一下子暴露在非常危險的境地。為此，廣大華行開始向香港地區轉移，亞細亞大樓裡只留少數人員看守。

1949年初，國民黨特務頭子毛森、宣鐵吾等要對廣大華行下手時，廣大華行空空如也，盧緒章已在香港召開董事會了。

高級職員的住宅成了林立果的選妃地

解放以後，亞細亞在各地的分支機構相繼歇業，僅僅保留上海總公司50人左右的工作班子，代理殼牌化學公司向中國推銷一部分化工產品，如化肥、農藥之類。這種狀況一直維持到1966年初，亞細亞在華業務全部結束。大樓成為市房地產管理局、上海冶金設計院、上海絲綢公司等單位的辦公機關。

有趣的是，亞細亞火油公司當年造在巨鹿路的高級職員住宅，共有十餘幢小洋樓，解放後被中共部隊接管，多年來一直作為南京軍區空軍駐上海招待所。「文革」中，林立果在上海組織「小艦隊」，其「三國四方」會議就在其園中之園召開。爪牙們為林立果選來的「妃子」就住在869號樓中。林彪死黨之一、空四軍的原政委王維國等人更是這兒的常客。「四人幫」被粉碎之後，一批又一批被「四人幫」迫害致病、致殘的軍隊老幹部，相繼來此療養、治病。園內有一方青青草坪，圍以丈餘高的香樟樹，它們和這兒的工作人員，也算是閱盡一方人間春秋。

66

「水線之戰」：大北電報公司

黃浦區中山東一路7號（現為盤谷銀行）

一根「水線」從海參崴偷偷「牽」到外灘

1870年代初，一條丹麥輪船在一條沙俄軍艦的護衛下，悄悄地駛出海參崴軍港。這艘輪船開得很慢，一邊行駛一邊還拖在水裡一根長長的「辮子」。原來這是一艘丹麥通信施工船，正在向海底鋪設「水線」（即海底電纜），他們的目標，是先到日本長崎，然後再伸到上海吳淞口，最後到達位於上海外灘的丹麥大北電報公司。

昔日的大北電報公司。

丹麥一個歐洲小國，何以竟敢在中國的海域鋪設海底電纜？原來他們的背後是老沙皇在指使。老沙皇與丹麥王室有親戚關係，為控制中國的電信系統，曾多次向清政府提出要在中國陸上和海底鋪設電報線路，並要求在上海成立大北電報公司，索取「水線」登陸權。那時弱國無外交，沙俄已把整個東北劃

（左）角樓一角。
（右）現為盤谷銀行的大北電報公司大樓。

入勢力範圍，向清廷施加種種壓力，清廷無奈，只好同意他們「大北電報公司在吳淞口外設置躉船，在船上收發電報，但水線不可以牽引上岸。」而大北電報公司卻有恃無恐，得寸進尺，不僅鋪設了從海參崴經日本長崎到吳淞口的「水線」，還增加了從香港到吳淞口的「水線」。並且，先用一艘停泊在長江口外大戢山島的輪船，悄悄地把敷設在那裡的水線牽引上岸，安置在事先蓋好的房子裡，建立了第一個電報房。接著，他們又把水線偷偷引進黃浦江，在張華濱對岸的浦東設立第二個電報房。最後，再沿黃浦江將水線引到了外灘。外灘大北電報公司大樓後期的建築，就是現在盤谷銀行所在處。

一場「脣焦舌敝」的談判

大北電報公司憑靠兩條海底水線公開營業，取得了鉅額利潤，引起英國、美國、日本等其他帝國主義國家眼紅，紛紛也要「分切肥肉」，向清政府要挾，在中國沿海和沿江鋪設自己的水線。後來的事實證明，這些電報電纜線不僅有著巨大的經濟利益，在政治上和軍事上意義尤為重大。1884年中法戰爭時，法國政府和它的駐滬領事，指揮法國軍隊司令孤拔進攻福建和台灣，就是利用這些海底電纜；1894年中日甲午戰爭時，日本間諜也是透過這些電纜，向日本侵略軍傳送軍事情報，日本軍國主義又根據這些情況來對中國進行突襲和不宣而戰。1900年，義和團運動風起雲湧，八國聯軍集結在一起瘋狂地鎮壓，又策劃東南互保的陰謀，都是這些電報電纜幫了他們的大忙。出於整體戰略的考慮，他們必須在中國尤其是上海，建立他們本國的電報公司。

一場艱苦的談判勢在難免。清朝政府把李鴻章親信

之一、洋務派領袖之一盛宣懷推上談判桌。1880年，盛宣懷就曾向李鴻章提出建議，按照輪船招商局的辦法籌辦電報局，用自己的電纜線既為自己所用，又可租給各國使用，掌握通信系統的主動權。李鴻章身為洋務派領袖，很快呈請清廷批准這個建議，並任命盛宣懷為電報局總辦，以「利商務」為準則，抵制列強進一步侵略中國權益。

盛宣懷面對各國列強如虎似狼的進攻態勢，決定先拿大北電報公司開刀。他以清廷在1870年關於外國「電纜線沉於海底，其線端不得牽引上岸以分華洋旱線界線」的規定為依據，命令大北電報公司拆除非法設置在吳淞一帶和廈門地區的上岸之線。大北電報公司當然不肯讓步，無理蠻纏。盛宣懷明白，如果這個回合打不下來，下面的麻煩將接踵而至，英國人、美國人的氣勢將更加囂張，而且各國都在中國設線設電報局，占領市場與中國人爭利，將使新生的中國電報局無利可圖。於是盛宣懷堅持「拆丹麥旱線，以保中華國家之權，並以服各國商人之心」，幾經交涉，大北電報公司只好同意拆毀吳淞到外灘的旱線，但拒不答應拆除廈門上岸之線，強調「廈門線端係由海濱岸邊由地下直達屋內」，與吳淞旱線不同，這顯然是在強詞奪理。盛宣懷反唇相駁，廈門「雖與私立旱線有別，然已牽引上岸」，他抓住廈門電纜已經「上岸」這一基本事實，證明大北公司已違背清政府的原議，非拆除不可。經過數輪「唇焦舌敝」的談判，大北公司只好被迫拆除了岸線。

與中國電報局的「齊價合同」

大北電報公司在中國鋪設海底電纜10年之後，中國總算有了自己的電報局。但大北電報公司和英商的大東電報公司均已有數年的長足發展，延攬各類業務順理成章。他們對新生的中國電報局百般怨恨，處處設法壓垮它。為此，盛宣懷代表清廷倚仗政府已有的規定，又憑藉智慧多次與之周旋，在其親筆擬訂的合同中規定：「所有沿海各處，無論已開未開口岸，一律不准添小線，所過口岸，亦不得設線端。」從電報局的商利出發，予以大北、大東迎頭一棒，遏制他們的橫向發展。

但是，電纜線是大北、大東的，外洋電報與國內與歐洲的電報暢通與否，均掌握在大北和大東手中，如何與洋人分利，關係到中國電報局的生死存亡，盛宣懷為此又找到了大北和大東。最後，他們不得不再次坐到談判桌上，與盛宣懷簽訂了「齊價合同」，即三家電報公司必須對外一致價格，不允許利用減價來打擊任何一方。這個辦法實施，是盛宣懷主辦電報的第二回合勝利，使新生的中國電報局在處處受大北、大東擠壓的環境下，站穩了腳跟。大北電報公司直到1949年，才結束了他們在華的業務。

6 7

外灘「大哥大」匯豐銀行

黃浦區中山東一路12號（現為浦東發展銀行）

用世界各國金銀幣「奠基」的匯豐大廈

斜倚著外灘彎彎的長堤，回頭縱目「掃描」，那幢橫向裡體積最大，頭上像戴了頂中世紀武士帽的大廈，尤為引人注目，那是80年前，英國匯豐銀行在上海建造的上海分行大廈。

這幢占地9338平方米，幾近正方形的龐然大物，是花費1000萬兩白銀造成的，幾乎是匯豐銀行兩年多的盈利，歷時兩年多才落成。也許是匯豐中國買辦的主意，也許是英國大班已經「中國通」了的緣故，如此一座英國新古典派希臘式的建築，其奠基儀式頗為中國化。大班們先是請來了風水先生看風水，擇吉日，結果選定1921年5月5日這個黃道吉日破土。然後開工時，又在地基內撒下了很多世界各國的金銀幣，作為招財聚寶的吉兆；大

1920年代的匯豐銀行遠眺，當時海關大廈正在建造。

（左）匯豐銀行大廈如今是浦東發展銀行。
（右）匯豐銀行夜景。

廈的大門口，也仿照中國衙門的樣子，在大門兩邊設計一對銅獅子。最滑稽的是在地塊正中豎了一塊藍底金字的牌子，活像中國人家廟裡的神主牌位，由當時上海聞人朱葆三、傅筱庵等人畢恭畢敬地捧上去，同時軍樂大奏，掌聲震天，像在演滑稽戲。

這幢大樓後來果真身手不凡，財源亨通，成了英國在華利益的代理，逐步控制中國的金融市場，成了在中國獲利最豐，對中國政治、經濟影響最大的一家外商銀行，獲取了驚人的利潤。從1874年到1928年國民黨政府成立為止，匯豐銀行向中國政府提供政治及實業貸款共82筆，共計3億5000多萬兩銀。所以到1931年，人們手持一張面額只有125港元的匯豐股票，賣價即可叫到2300元華幣。1935年，南京政府為廢除銀本位實行法幣制，宋子文向匯豐大班郭禮賓借款300萬英鎊，作為發行法幣的保證金。事後匯豐上海銀行經理亨奇曼說，若沒有匯豐的支持，南京政府可能會崩潰。可見從這座大樓裡發出的聲音，對於當時整個中國政局的「生殺」作用。

麥克利借得兩千兩銀子起家當大班

關於上海這塊冒險家的樂園，歷來傳奇故事頗多。匯豐銀行的第一任大班麥克利可算是其中一個。

麥克利原是英商德來洋行的大班，當他得知在港英商有意組建上海匯豐銀行的消息後，認為這是個人發展的千載良機，於是積極準備回國募集股金，以便捷足先

登。他向該洋行買辦葉吉慶商借2000兩銀子作為回國旅費，葉認為他的話未必可信，誰知他回國後能不能再回來？不借。麥克利又跑去找三餘錢莊的跑街王槐山。王槐山是浙江鄉下人，為人重情面，他不諳英語，麥克利的中文也講不好，但有一句王槐山還是聽明白了，即借錢2000兩，6個月即歸還。王鑒於麥克利平時的信譽就答應了，只是自己手頭緊拿不出2000兩，就動腦筋挪用了錢莊裡儲戶的存款。誰知麥克利一去無消息，錢莊年終結帳，發現王槐山做的手腳，老闆陳三餘雖是王的母舅，也一氣之下將他開除。王槐山只得捲起鋪蓋回老家。然而麥克利居然回來了！他在英國募集到500萬股金，兩年後回到上海辦匯豐。當他知道王槐山已被開除回鄉時，十分內疚，立即馳函促其來滬。兩人這次見面，麥當面委以匯豐銀行的首席買辦，並聲明不需擔保品。於是王槐山得以匯豐買辦身份在上海灘重新露面，這下身價可不得了，大大小小的錢莊和親朋故舊都來拉關係，他趁機利用匯豐的牌子，大做自己的生意。

麥克利對王槐山極端信任，把金庫的鑰匙也交給他。有一次王買進了銀洋，再將匯豐銀庫存的400萬現洋裝上駁船，假裝出口的樣子，開往吳淞口。上海銀錢界聞風而動，引起市面上洋釐高漲，於是他立即將買進的再拋出，又命駛往吳淞口的駁船再開回來，這樣市面上的洋釐突又回落下來。而他王槐山轉眼一場把戲，獲利無算。王槐山在匯豐當了6年買辦，賺了80萬兩銀子，回家買地置房養老去了，53歲時死於中風。他的財產最後被侄子揮霍殆盡。

席氏三代買辦帶出一個「洞庭幫」

匯豐銀行的第三代買辦是蘇州洞庭山人席正甫。席氏當年19歲到上海錢莊裡當學徒，學會了幾句洋涇濱英語，後來由其弟（過繼給舅舅當兒子的老沙遜洋行買辦沈吉成）介紹，進了匯豐銀行當跑樓。當年李鴻章代表清末朝廷向匯豐銀行借款500萬，麥克利叫王槐山辦理，王槐山從未經手過如此鉅額貸款，認為風險太大，又怕得罪朝廷對自己對匯豐都不利，便急得像熱鍋上的螞蟻團團轉，整天愁眉不展，竟然急出了精神病。席正甫看在眼裡笑在心裡，認為這可是晉升發財的千載良機，而且是送上門來的好買賣，只是不說穿，等著王槐山來求他。果然王槐山來找他訴苦，他順水推舟地答應下來代為處理。

席正甫去天津代表匯豐銀行與李鴻章簽定了500萬兩銀的借款合同，從此與清廷洋務的首領拉上關係，又與上海道台結成拜把兄弟，從此，在洋人面前他是個與官府溝通的代言人，在官府面前又是個能辦大事的洋務人才，於是左右逢源，官路亨通。不久王槐山回鄉，席正甫當了匯豐的正買辦。清朝政府為獎勵他借款有功，還授予二品銜紅頂花翎。這下可不得了，一人得道，雞犬升天，他的子子孫孫、沾親帶故的各式人物，都得以走出洞庭山，在上海的華爾街即外灘的銀行、洋行裡，混個一官半職，扶搖直上，最後竟成了一個頗能呼風喚雨的「洞庭幫」。

席正甫去世後由兒子席立功繼任匯豐買辦；兒子死後又由孫子席鹿笙繼任。這在向以法制健全而著稱的英國金融界，也是一件咄咄怪事。席鹿笙從小席豐履厚，不務正業，終日尋花問柳，實際業務是由副買辦龔子漁負責，雙方訂有合同，席鹿笙居買辦之名，龔子漁負責辦事，兩人坐分紅利。不久，席鹿笙為一個女朋友與人爭風吃醋遭仇家暗殺，龔子漁就坐上了正買辦之席。當有人跑來向匯豐洋大班彙報買辦被殺時，洋大班指著龔子漁說：「買辦不是正在辦公嗎？」可見在洋大人眼裡，席鹿笙早已無足輕重了。

席鹿笙雖被人暗殺，然而席氏家族在上海金融界的地位和影響力早已形成。席正甫的第三個兒子席德輝充任大清銀行的協理；第五子席聚星和次子席友漁先後出任漢口大清銀行經理和營口大清銀行協理；曾孫席德懋後來出任中央銀行業務局局長；胞侄席錫藩是麥加利銀行的買辦，後為華俄道勝銀行買辦；其三弟席縉華是有利銀行的買辦；席縉華的女婿葉明齋又是正金銀行的買辦；華比銀行和三菱銀行的買辦胡寄梅父親又是席家的親戚；沈吉成的女婿王憲臣又是席正甫的兒女親家……金融界所謂「徽幫人最狠，見了山上幫（即洞庭幫）還得忍一忍」，指的就是席家這種氣焰熏天的情況。

神秘的保險箱

1941年日本人攻入上海租界後，首先在外灘包圍匯豐銀行，禁止金銀外運，並把外籍職員趕往集中營。匯豐大班郭禮賓等高級職員最後慘死於集中營；匯豐銀行大樓由日本正金銀行「接管」。

當時匯豐買辦龔子漁已預感到形勢不妙，就把自己的存款從金庫調出，放在買辦辦公室的一個保險箱裡。他家的一個親戚，原揚州大鹽商周扶九的兒媳婦周朱秀珍得知了，也託龔氏把錢首飾和一

（上）門口的獅子雄姿。
（中）門廳藻井的壁畫。
（下）門廳的廊柱和壁畫。

些地契存入買辦間的保險箱。日本人把大樓包圍時，龔趁亂將一只特製的小保險箱移至他的私人轎車車尾後箱裡，因日本人宣布私藏金銀要抓去坐牢。不幸這只保險箱子最後還是被日本人查獲，但龔子漁矢口否認是他的，堅持說是周朱秀珍存放。於是日本人把周朱秀珍叫來審問。她知道日本人只想要金銀，就推說裡面都是地契文件和家族檔案，而鑰匙在混亂中弄丟了。日本人當時無法打開，加上龔子漁已決意退出銀行，由其子龔星五繼任已被日本人控制的滙豐，此事便作罷。幾年後風波已過，龔、周二家才敢將保險箱弄回家去。

誰保護了「世紀壁畫」？

前幾年市政府從滙豐銀行大樓遷往人民廣場，浦東發展銀行入駐滙豐大樓。整修大樓時，人們發現大樓大廳穹頂藻井內鑲嵌的「世紀壁畫」——一組用彩色玻璃和馬賽克拼組的世界風情畫。這組壁畫的保護被傳得沸沸揚揚，其實1956年上海市政府接收下大樓準備對其改造後使用時，已由上海市文管會做出保護決定。

市府曾請上海市文管會派員來查看，看哪些屬於文物類的設施不可更換，以便在施工時注意。文管會派出幹部郭若愚前往查看，郭先生代表文管會宣布，大廳內的巨柱、大門上的雕花以及天穹上的壁畫均不能動，有歷史保存價值。但壁畫上的內容又與1950年代火熱的革命熱潮趣味相悖，怎麼辦呢？施工隊想出一個好辦法，即用粉狀塗料將其粉刷遮沒，既無損壞又消除當時認為是消極的影響。於是，壁畫被藏在塗料之後保存至今。事隔近半個世紀，這組畫像是出土文物又在上海灘熱鬧了一陣子，亦為大樓增添了一段軼聞。

6 8

被洋人削去17層的中國銀行大樓

黃浦區中山東一路23號（現為中國人民銀行上海市分行）

沙遜醋心大發，不許中國銀行超過他的「金字塔」

1950、60年代上海市區遊覽場地不多，中小學每年春遊，多半是到外灘一線走一圈，一來師生們可以領略黃浦江畔的春風，縱目江中遊弋的船隻；二來回過頭來看高樓時，還可以接受愛國主義的教育。這時，一位老教師會站出來，指著前面一尖頂一平頂的高

中國銀行大門。

樓，對同學們說：「同學們看見了嗎？這就是帝國主義欺侮我們中國人的見證……」

這個故事代代相傳，直到現在，仍是1949年後成長起來一代人心中沉甸甸的基石。

老師所指的尖頂大樓，是沙遜大廈，即現在的和平飯店，那平頂的大樓，就是中國銀行大樓。

中國銀行在中國資格很老，是舊中國的四大銀行之一，前身是清政府於1905年創設的「大清戶部銀行」，1908年改稱大清銀行，民國成立以後，1912年國民政府令其清理，由財政部再加入股本，組建成中國銀行，承繼大清銀行。總行原本設在北京，1927年北伐軍到上海之後，隨著國民黨政治中心南移，該行的總管理處也遷來上海外灘。原先在漢口路外灘（今上海總工會大樓西側），1937年遷至外灘中山東一路23號。

23號這塊地皮，原是1908年興建的德國總會。第一次世界大戰中，中國對德國宣戰，德國總會作為敵產被中國政府沒收，繼由中國銀行上海分行接管使用。中國銀行出於業務發展的需要，決定將其拆毀重建，建造一所高達34層的遠東第一高樓。

大樓從1936年由當時上海第一流的營造廠陶馥記承包，由外商公和洋行和中國設計師陸謙受共同設計，造型採用近代表現派的中國民族形式，大廳上方飾有孔子周遊各國的石雕，每層的兩側外牆都有鏤空的「壽」字圖案，欄杆和窗戶的裝飾都採用中國傳統風格，顯示出一種祥和雍容的氣度，這在外灘一字排開的高層洋樓中，是獨一無二的中國氣派。

可是當施工單位已經打好荷重34層的地基，準備動工造樓的時候，「隔壁鄰居」蹺腳沙遜卻醋心大發。他蠻橫地說，這兒是英租界，在他沙遜大廈附近造房子，不許超過他的「金字塔」。沙遜的後台公共租界工部局亦趁機誹謗中國人，說中國人根本沒有本領造34層的大廈，因而拒發執照。他們還藉口地基打得不好，會影響隔壁的沙遜大廈。中國銀行當然不服氣，據理力爭，結果官司一直打到倫敦。到了倫敦還不是等於「染房裡倒不出白布來」嗎？真的是弱國無外交，英方根據《中英天津條約》中有關條文，凡有英國屬民牽涉的訟事，中國官廳一概無權作主。最後中國銀行不得不被迫讓步，把原設計的34層大樓砍去一半，剩下17層，地上15層，地下2層，比沙遜大廈的「金字塔」頂矮30公分。

然而中國銀行想方設法還要爭一口氣，雖然樓高比沙遜大廈矮30公分，但從仰視的效果出發，沙遜大廈是尖頂，而中國銀行是方頂，雄偉而挺拔，使人並不覺得比「金字塔」低，相反地更「福相」得多。

人們登上門前石級，共有九級，象徵著九九歸一、九九無窮之意；走進大廳，天花板兩側又雕有「八仙過海」的圖案，取神通廣大之意；樓頂採用平緩的四方鑽尖形式，上蓋綠色琉璃瓦，部分簷口用石斗拱裝飾，給人以四平八穩、福祿無邊的祝願……果真，中國銀行福祿無邊，直到現在，仍是中國金融界的大字輩。

槍聲四起，中國銀行血戰「中儲券」

抗戰時期，淪陷區的金融業十分混亂，許多種鈔票都在市面上流通，有法幣、華新票、聯銀票、「老頭票」、「軍事票」，五花八門，各行其是。汪偽政府為了統一淪陷區的財政，在日本人的策劃下，於1941年初成立了「中央儲備銀行」，發行「中儲券」，並在外灘也開起分行。

為了抵制漢奸政府，中國銀行與上海錢業公所一致拒絕與「中儲行」往來，在業務交往中，拒絕使用「中儲券」，這下就成了汪

（左）中國銀行大廈。
（右）中國銀行夜景。

偽政府的眼中釘，想方設法打擊報復，逼其就範。臭名昭著的極司菲爾路（現萬航渡路）「76號」特務在李士群的策動下，大出打手，哪家銀行或商店拒收「中儲券」，便拔槍相向，並以「特工總部」的名義，向各銀行、錢莊發出恐嚇信，聲稱膽敢不收「中儲券」就武力解決。

在這種情況下，重慶國民黨政府的法幣有被擠出上海的危險，於是蔣介石命令戴笠打亂汪偽銀行，奪回法幣市場。於是軍統特務在上海灘連連出擊。先是在法租界芝蘭坊7號，把偽中央儲備銀行上海分行專員兼駐滬推銷主任季雲卿擊斃，接著又去襲擊中儲銀行的營業部，三名軍統特務在兩三分鐘內，接連向該行上海分行的大樓裡扔了一串手榴彈。不久，該行的設計科長、稽核主任、庶務科長、財政科員、幫辦總會計，一個個相繼吃了軍統的子彈，金融界無不拍手稱快。

就在中儲行風聲鶴唳、人人嚇得不敢上班、銀行瀕臨倒閉的時候，中儲行總裁周佛海找到了李士群，決定拿中國銀行開刀，進行血腥報復。

1943年3月21日深夜，「76號」的「行動隊長」吳世寶手下兩大殺人「金剛」張國震和顧寶林，率大批特務，分坐兩輛汽車，先把霞飛路（今淮海中路）1411弄內江蘇農業銀行的宿舍給包圍了，他們誤以為這兒是中國銀行的宿舍。11名職員被從睡夢中叫醒，拖出房門，站成一排，然後用衝鋒槍一陣猛掃，11人全部倒在血泊中。接著他們又衝進極司菲爾路（萬航渡路）96號的「中行別業」，把180多名中國銀行的高級職員抓走，兩人合鎖一副手銬，押送「76號」關押，次日早晨，先拉出去槍斃了3人。3天後，汪偽特工又用兩顆大型定時炸彈，血洗了中央銀行留滬機構——陝西南路上的逸園跑狗

場，和公共租界內白克路（今鳳陽路）上的辦事機構。

戴笠咬著牙嚴令軍統上海區繼續還擊。軍統上海區長陳恭澍在日汪重重包圍之下，仍派了3名特務，成功地混進了靜安寺路、戈登路（今南京西路、江寧路）路口的大華醫院頭等病房內，用利刀活劈了在那兒養病的偽中儲行上海分行的業務科長。

「76號」特務聞訊後再行報復，又把中國銀行的高級職員槍斃了3名，並在報上聲稱：「以三抵一，信守諾言！」……

這場金融特工戰殺得難解難分，把上海攪得昏天黑地，銀行大門家家緊閉，杯弓蛇影，生怕飛來橫禍，而犧牲最大的則是中國銀行。最後，軍統請出住在香港的杜月笙出面調停，杜召門徒「花會大王」高蘭生去與吳世寶聯絡。吳世寶見杜月笙派人來與自己聯絡，頓覺身價百倍，答應勸說李士群。而李士群正把精力轉向「清鄉」的領導權爭奪上，也希望早點結束槍戰。最後，吳世寶派一個代表前去香港與杜月笙交涉，一場銀行血戰總算停歇了。

四樓會議室，工商界巨頭初見陳老總

解放以後，中國銀行大樓回到了人民手裡。1949年6月2日，一輛接一輛的小轎車在中國銀行大樓前停下，從車上走出的人都是上海灘各行各業的工商巨頭，有盛丕華、榮毅仁、劉靖基、郭棣活等等，他們各自懷著忐忑的心情，乘電梯到達四樓會議室，等待著政府對他們的「發落」。

當陳毅出現在他們面前，親切而幽默地跟他們談話時，一個個都睜大了眼睛，神情又驚又喜。他們怎麼也沒想到，這位在淮海戰役中一舉殲滅幾十萬「國軍」的司令員，竟是個光著腦袋、一口四川話、穿一身幾乎洗得發白的黃軍裝的和藹可親漢子。他和平常人一樣，並非三頭六臂，也不像國民黨說的那麼青面獠牙，而是舉止大度、談吐文雅、待人和氣的朋友般長官。

這是上海解放之後，進城的共產黨人邀請上海工商界著名人士舉行的第一次座談會，對於團結和爭取工商業者、恢復和發展已處在半癱瘓狀態中的上海經濟，具有著重大的意義。會前陳毅指示，這是上海市委和上海市政府第一次與上海產業界人士見面，寧可多一個，也不能漏掉一個該邀請的人。會議由潘漢年主持，開得輕鬆、愉快，逐漸消除了留滬「大款」們最後的一點戒備。

距離那次重要的會議，50年過去了。現在的中國銀行大樓，幾乎也成了72家房客，除了中國人民銀行上海分行外，還有中國工商銀行上海市分行、中國銀行上海分行、中國銀行上海信託諮詢公司、中國人民保險公司上海市分公司等單位在其中辦公，在銀行林立的中國的「華爾街」上，她依然是位「大哥大」。

69

洋行之王：怡和洋行大樓

黃浦區中山東一路27號（現為外貿局大樓）

（左）怡和洋行大廈現在是外資大樓。
（右）大樓夜景。

靠鴉片起家的「洋行之王」

最早進入上海的三個外國洋行之一：英商怡和洋行，英文名稱叫查頓和馬地臣公司，其上海總部舊址，就是北京東路外灘轉角處與原上海人民廣播電台隔路相望的那幢雄偉大廈。

這個洋行早在乾隆47年（1782年）就打入中國廣州，在十三行中排名第三。第一次鴉片戰爭之前，行主是威廉・查頓和詹姆士・馬地臣，是當時最大的鴉片走私進口商，也將中國的茶葉販運英國。他們擁有眾多專門用來走私鴉片的飛剪快船，林則徐在廣州禁煙時沒收的2萬多箱鴉片中，屬於怡和洋行的就有7000多箱，可見其財勢之奪人。

1843年，怡和洋行在上海開設分行，他們十分聰明地緊挨著英國領事館附近選擇行址。不久，又在汕頭、福州、天津、漢口、青島、重慶、哈爾濱等近20個城市中設立分支機構，繼續從事鴉片走私和絲、茶出口等貿易。尤其在上海和香港兩地，怡和的業務範圍不斷擴大，除了經營航運、造船、碼頭、倉庫、繅絲、公用、

地產等事業外，還與匯豐銀行拉在一起，貸款給清政府。1898年與匯豐組成「中英銀公司」，對京瀋、滬寧、滬杭、廣九等鐵路進行貸款，包攬了鐵路材料的採購和一切工程建築的施工，並取得各鐵路的監督與管理權……其歷史之久、規模之大、賺取的利潤之空前，均使一般洋行無法比擬，所以西方殖民主義者亦稱之為「洋行之王」。

因其「洋行之王」的霸主地位，他們的大樓也造得格外「霸氣」，威嚴得活像一幢政府或是法院機關大樓。這幢大樓翻造於1920年，由英國人威爾遜設計，外牆全部用巨大的花崗石砌成，所用鋼材全部從美國進口，歷時6年才告竣工。大樓的正門為兩扇包銅大門，兩側各有4個月洞式高二層的花式鋼窗，大門內側左右兩邊以及各層樓梯的轉彎處，都飾以古羅馬風格的人物雕塑，可惜這些藝術品，都在後來的革命風暴中，被砸個稀巴爛了。

鴉片戰爭的挑唆者查頓和馬地臣

查頓原是英國東印度公司來華貨船上的外科醫生，為人奸詐，綽號叫「鐵頭老鼠」，來中國後以傳教士郭士為翻譯，大做鴉片生意，遂成鉅富。林則徐曾指名道姓地斥其為「鴉片到處流行，實以該夷為禍首」。林則徐虎門銷煙時，他捲起100萬英鎊的財產逃回英國。查頓為發洩對林則徐銷煙的怨恨，不惜充當政治流氓，在英國政府官員面前，挑動發起對華戰爭。他公開為鴉片走私進行辯護，在謁見英國外交大臣巴麥尊時，拚命煽動對華戰爭，在後來致巴麥尊的信中，又詳述了中國地形和沿海形勢的險要，作戰所需的戰艦與兵員數額，甚至為英政府出謀劃策，具體提出了五口通商、煙價賠償、訂立條約等對華戰略。

英國政府正中下懷，果真採納了他的諸多建議，還讓他擔任下院議員。這個外科醫生發夠了「煙財」，又發「官財」去了。

馬地臣亦是個骨子裡侵略成性的傢伙，他在中國販賣鴉片，發了中國人的財，卻著成《對華貿易現狀及前途》一書，詆毀中國人，主張侵略中國。他在中國賺下的錢，居然使他買下蘇格蘭西海岸的整個路易斯島！就憑著這些本事，當他被林則徐驅逐回國之後，當選英國下院議員，後來又被維多利亞女王封為爵士。

第一條鐵路——吳淞至天后宮橋鐵路

巨石壘成的大廈。

怡和洋行在上海不知幹了多少壞事，有一件引起了市民的極大興趣，這在中國近代史上也無可非議地有著一筆，即怡和洋行夥同其他洋行一起，在吳淞至蘇州河邊的天后宮橋之間修築了一條鐵路。這條只有14公里長的鐵路是他們背著清政府偷偷修建的，建成於1876年，是誕生於中國大地的第一條鐵路，距離世界上第一條鐵路——利物浦至曼徹斯特鐵路的誕生僅有46年。

這條短短的鐵路給生性喜歡獵奇的上海人帶來極大的刺激。六節車廂不夠用就掛九節，每天男女老幼「人立如牆」，尤其是婦女和孩子們，欣喜異常，「遊鐵路」很快成了上海市民的一個旅遊新節目，儘管票價昂貴（一張中等的坐票也要二斗半米的價格），還是客如潮至，大有時下週末大人孩子去「肯德基」的熱情。

當時的《申報》曾作了生動的報導：「男女老幼，紛至沓來，大半皆願坐上中二等車，頃刻之間，車廂已無虛位，竟有買了上中

等票，仍坐下等的，到了車已開行，而來客仍如潮湧至……」「鐵路兩旁，觀者雲集，欲搭坐者，已繁雜不可計數……最有趣者，莫如看田內鄉民……是以皆面對鐵路，停工而呆視，或有老婦扶杖而張口延唇者，或有少年倚望而癡立者，或有弱女子觀之而喜笑者……未有一人不面帶喜色……」

這條鐵路通車8個月之後，「中國的鐵路之父」詹天佑才在大洋彼岸，考取了耶魯大學土木工程系，學習鐵路工程。

(上）早期（左）的怡和洋行和後期（右）的怡和大廈。
(下）樓上的石雕有許多已在文革破壞了。

第一條鐵路的悲劇

可是這條熱鬧而有趣的鐵路命運卻很不好，僅營運了一年，載客16萬人，就被拆掉了。

迷信風水的人說這條鐵路破壞了中國的風水，朝廷認為，怡和洋行擅自在中國修築鐵路，侵犯主權，而火車在行駛中又不慎壓死了人，事情就更加複雜，最後清政府決定把它買下來再拆掉，其愚蠢程度亦是近代一大

笑柄。

買下來，怎麼買？要花多少錢？怡和洋行出具了表冊：37萬兩銀子！中方具體負責談判的洋務派大員盛宣懷不肯買帳，派出查帳人員到怡和查帳，有重要疑問之處由盛氏親自過目。盛氏在怡和的帳冊上注明了許多問號和「應除」、「應查」字樣，最後核下來只有29萬兩。

英方談判正使梅輝立起初態度蠻橫，既不議價也不肯交出帳冊。盛宣懷到達上海的第二天，他即宣布離滬赴京，有意拖延。盛宣懷一方面打著李鴻章的大牌子對他進行安撫，另一方面也正告他：你若去京，那我亦先赴鄂辦礦，吳淞鐵路既不能營運，資金就無法周轉，拖下去只是損害你們自己，你看著辦吧！這麼一說，打掉了梅輝立的囂張氣焰，只得回到談判桌上來了。

談到具體價格時，英方對29萬兩又不買帳，聲稱築此路實際用去30萬兩，已賠血本。經過多少回合的議駁，雙方仍是相持不下。最後，盛宣懷想出了一個「折舊」的理由，使英方張口結舌。他說，即便是按照你們的算法，那麼我們買下的應是一條新鐵路，而至我們款項付清為止，這條鐵路已讓你們用過一年了，按照你們泰西人的慣例，理應「折舊」。這麼一來，英方理屈辭窮，最後以28.5萬兩買斷。

可悲的是清廷既然買下了這條鐵路，並沒有去經營它，反而拆掉了。據說有一部分材料後來運到台灣，現在從基隆到台北的路軌，有一部分就是從上海運去的。

直到21年之後的1898年，這條鐵路才重新建起來，市區的站頭即是北站。當時兩江總督兼南洋通商大臣張之洞，援北洋修築軍用鐵路之例，奏請復築淞滬鐵路，獲得清廷允准。時過100年後，這條鐵路也「老」了，而且由於市區交通擁擠，鐵路已跟不上形勢的需要。1997年4月初的一個早晨，幾十位鐵路工人來到現場，開始動手拆除。繼之而起的是縱貫上海東西的天上之路：明珠線，將作為上海新的三年大變樣的濃重一筆，載入飛速發展的上海史冊。

怡和洋行在中國建造的第一條鐵路。

70

「外煙」大本營：英美煙公司大樓

黃浦區南蘇州路161-175號（現為上海照相機廠門市部）

手持「老刀」殺進中國

蘇州河南岸、虎丘路路口有一幢暗紅色的四層大樓，此樓初建於1902年，翻建於1925年，現在是上海照相機總廠服務部和各地駐滬機關的辦事處。在外灘一帶林立的洋樓巨廈裡，它「相貌」平平，顯出「乖乖」的樣子。其實在半個世紀以前，它比一頭老虎還厲害，是個以「老刀牌」（俗稱強盜牌）和「紅錫包」香煙殺進中國，橫掃南北，壟斷了中國煙草市場達半個世紀的外國洋行——英美煙公司。

這家公司是世界上最大的煙草壟斷公司，1902年成立於倫敦，當年下半年就打進了上海，在博物館路（今虎丘路）購地造屋，開辦了上海第一家捲煙廠即浦東捲煙廠，最初僅雇傭百餘名工人，生產「老刀牌」和「皇后牌」香煙，資本才21萬元，而到抗戰爆發前夕，資產已達2億餘元，在中國建立了11家捲煙廠、6家烤煙廠、6家印刷廠、1家包裝材料廠和1家機械廠，雇傭了2萬多職工。到解放前夕，已達年銷售香煙70萬箱的規模，零售點遍布各地城鄉達2萬餘家。

這家公司不僅在上海發展，還在漢口、瀋陽、天津、青島等地開辦分廠，氣勢洶洶地擠壓和兼併它的對手，先後吞併了日商和俄英美煙公司大本樓。

商的捲煙公司，接收了老晉隆和大英煙公司的全部股份，擠垮了華商中的大象、復記、北洋諸公司，就連實力雄厚的南洋兄弟公司，也差點遭滅頂之災。現在通北路上的上海捲煙廠，前身即為該公司的下屬廠。

偷梁換柱瞞不過火眼金睛

1905年，由於美國老闆虐待華工激起公憤，市民掀起了抵制美貨運動，提出「不用美國貨、不吸美國煙」的口號，而「皇后牌」香煙，恰恰是英美煙公司接管下來一家美國紙煙公司的名牌貨，於是市民們奮起抵制，市場銷不動了。狡猾的大班和該公司買辦鄭伯昭來了個偷梁換柱，他們認為市民僅僅是抵制美國貨而不抵制英國貨，於是趕緊把牌子換掉，把「皇后牌」改成「大英牌」，實際上是換湯不換藥，以此來矇騙愛國群眾。

可是這一招到了1925年就不頂用了。五卅運動爆發的那天上午，南京路上槍聲大作，人聲鼎沸，大家紛紛跑上街頭，方知老閘捕房的印度巡捕，奉命向中國的遊行隊伍開槍，打死了人。英美煙公司的大班馬上敏感到，英國人這樣做，要影響他們的香煙銷路了，中國人一愛國就拿外國煙來出氣。果真不出所料，五卅運動的聲勢越來越大，群眾愛國熱情高漲，一個抵制英國貨的運動迅速展開，「大英牌」賣不出去了，平時門庭若市的派貨櫃台，驟然變得門可羅雀。買辦鄭伯昭和他的內弟黃以聰表面上故作鎮靜，背地裡卻像熱鍋上的螞蟻，偶遇上門的經銷商，就以威脅的口氣說：「你要再不來出貨，就要取消你的經銷資格了！」同時，「大英牌」只得變相跌價，每出貨一箱就贈送2大匣（每箱100匣），未見效果，再增為4大匣，仍是銷不動，乾脆跌價20元，市民們仍是紋絲不動。

五卅運動的聲勢很快從上海發展到內地，各地陸續發生抵制英美煙公司捲煙的事件，有的地方，憤怒的群眾走上街頭專門宣傳抵制英國煙，把成箱的香煙抬出來焚燒，甚至砸了售煙亭，嚇得經銷店不敢營業，更不敢再去批發英美煙公司的貨了。

這期間買辦鄭伯昭曾派秘書程某前去丹陽辦理交涉，帶去了一箱高級香煙、高級雪茄和許多銀質煙匣，想請當地駐軍馬玉仁師長出面保護，務必使英美煙公司不再受損失，同時亦帶了呈文去丹陽縣政府見縣長大人袁希濂。誰知他剛到丹陽，消息就被學生們知道了，當地經銷商傳來消息說，學生們得知英美煙公司有代表在此，要結隊來打，嚇得程某留下呈文，掉頭就往火車站跑。到了火車站找到站長說明原委，要求在站長室躲避。好在站長對他安慰說，鐵路有路警保衛，學生不敢胡來，叫他安心，這才上車膽顫心驚地回到上海。

第二年，公司總經理麥克納登還以上海英國商會會長的名義，特地趕到南京去見五省聯軍總司令孫傳芳，請孫傳芳用武力鎮壓群眾運動，保護英美煙公司的在華利益，孫表示同意。後來北伐軍打到上海，孫到江西作戰，還叫副官項某發電報到上海，要10箱捲煙犒軍，該公司如數贈送。

五卅運動的高潮過去以後，買辦鄭伯昭又在牌子和廣告上打主意，開始宣傳他們的香煙是「真正老牌美國貨」，接著又大力宣傳大英牌也是美國貨。1905年他把皇后牌改為大英牌，是為了應付抵制美貨運動，這次則把大英牌改為「紅錫包」，並大力宣傳這是「美國製造」。他們把10支裝的「紅錫包」換上殼子，添上英文「美國製造」，又設計一種廣告，畫上兩隻手，一隻手捏著一把「紅錫包」香煙，另一隻手指著露出煙殼底面的「美國製造」四個字，意思是說，「紅錫包」不是英國貨，你們不用抵制它。可是大家眼睛雪亮，一眼就看出破綻，「紅錫包」仍是打不開局面。

公司老闆又變換手法欺騙市民，說中國人可以自由買賣英美煙公司的股票了，說如今英美煙公司中已有中國人的股份了，言下之意，他們的香煙中，也有了「國貨」的成分。可是不久西洋鏡又被拆穿。原來他們在1926年創辦了一個「英美煙股票公司」，由沈昆山任董事，出面作幌子，只有這個公司可以購買駐華英美煙公司的股票，並非一般中國人都能買進。西洋鏡拆穿後，中國人更加不稀罕你什麼英美煙股票。英美煙為了壟斷市場，打開銷路，真可謂動足了腦筋。

流彈嚇走了陸買辦

英美煙公司能在中國打開局面，很重要的原因是有鄭伯昭為他們當買辦，該公司的捲煙有一半以上是透過鄭直接推銷出去的。

鄭伯昭是廣東中山縣人，生就一副機靈腦子，平生沒有什麼嗜好，就是喜歡打算盤。他自己的永泰和煙行開在南京路、西藏路的大慶里，1912年就拿到大英牌在中國的經銷權。他每天坐在經理室裡，很少同職工講話，很多時間寫字間只他一個人，他所做的事情就是打算盤。永泰和的職工成年累月地聽到經理室傳來又響又流利的算盤聲，都弄不懂他哪裡來那麼多的帳要算。其實那是一種習慣，據說鄭氏唯一的樂事就是每天吃過晚飯以後，打開臥室的銀箱，取出30來只存摺，用算盤核計一下，今天又增加了多少錢。因此英美煙公司的另一買辦鄔挺生，就譏諷他為守財奴。

然而算盤是敵不過流彈的。「八・一三」戰事中，日本飛機轟炸上海，鄭氏在梵皇渡路（萬航渡路、北京西路）轉角上的房子，被機槍流彈掀去一隻角，鄭驚魂不定，逃命要緊，就把永泰和託付給黃以聰，逃到香港去了。

鄭本人去香港時，其家屬並未同往。他家住的房子原先是白俄造的難民避難所，外型有些類似古堡的樣子，後來白俄走後，人們傳說此房子裡面鬧鬼，所以一直無人問津，鄭伯昭見價格便宜，也就斗膽不怕鬼了，花了極少的錢買來改作住宅。不幾年這裡地價猛漲，該住宅僅地皮就值100萬兩銀子。

他共有6兒4女，幾個兒子都是歐洲留學生，回國時從國外帶回各式各樣的轎車，鄭自己也乘坐當時最高檔的勞斯萊斯牌轎車。有一時期他家的車庫，簡直就像汽車製造廠的樣車間，五顏六色，爭奇鬥艷。更突出的是院子裡還養了幾十隻狗，雇了人專做狗饅頭，每天要吃幾十斤牛肉。解放前夕，鄭的這些家屬包了專機全家去港，這幾十隻狗也隨主人乘飛機前往。1951年鄭在澳門病死，他一生為之奔波的英美煙公司也隨之滾出了中國的大門。

7 0

收藏家辦的中國實業銀行

黃浦區北京東路130號（現為中國農業銀行上海分行）

（左）中國實業銀行總經理劉晦之先生。（右）中國實業銀行大樓。

擠兌風潮中誕生的銀行董事長

樹立在北京路、虎丘路十字路口的那幢銀行大廈，是原中國實業銀行於1930年代初建造的總行大廈。1950年代公私合營之後，作為水利部門的一個勘察設計院機關用房，改革開放以後，又恢復銀行的職能，成為中國農業銀行上海分行的行址。有趣的是，半個世紀過去了，當年中實銀行的「影子」仍清晰在目——月洞形的銀行大鐵門上的圖案，本是中實銀行的行標，依然如昨；沿著大理石台階拾級而上，進入營業大廳之前的門前空地上，有用銅絲和大理石勾勒出的圖案，亦是中實銀行的行標。甚至大樓正門的門額上，當年把中實銀行的金字招牌鑿掉時，卻把鑿痕深深地留在牆上，所以直到現在，金字招牌雖然是中國農業銀行的，而花崗石上「鑿刻」的卻是中國實業銀行。了解中實銀行的老上海每次走過這裡，總是暗暗發笑，不知新來的老總們根本就無知呢，還是工作上的疏忽。

這個中國實業銀行的總經理，是著名銀行家、收藏家，安徽人劉晦之（體智）先生，無論在銀行界還是收藏

界，都曾經獨領風騷。

劉晦之在前清時代，曾任戶部郎中、大清銀行安徽分行總辦。其父劉秉璋是李鴻章的心腹，曾在中法之戰中大敗法軍，官至四川總督。劉晦之是劉秉璋的第四個兒子，民國後進入中國實業銀行，1919年擔任該行上海分行經理，1932年擔任總經理，並把總行從天津遷來上海，在北京路、虎丘路路口造起了七層大廈。

中實銀行的創辦人是袁世凱當政時的財政總長周學熙，董事都是當時的大官僚，如熊希齡、錢能訓、龔心湛、李士偉、王志敏、楊壽枏等。周學熙是兩江總督周馥的兒子，周馥的女兒又是劉晦之的嫂嫂，他們都是安徽人。但劉晦之最後能當上總經理，不是源於這種「裙帶」式的人際關係，而是「亂世出英雄」的結果。

1930年代初，天津分行由於用人不當，官員監守自盜，內庫準備金空虛，信譽發生動搖，爆發了空前的擠兌風潮。原先中實銀行好不容易透過各種公私關係，獲得了鈔票發行權，因票面上印有「龍馬」圖案，表示該行與啟新洋灰公司的「飛馬牌」洋灰屬於一個系統，所以老百姓稱為「馬牌鈔票」。這種「馬牌鈔票」一度發行量非常大，而到了銀行信譽動搖時，市民們就攜了大把大把的鈔票和存單，蜂湧到銀行門口要求兌換銀元。

時至1932年2月9日，春節放假期滿，各銀行都開門辦公了，而天津中實銀行門前擠兌的人已人山人海，水泄不通。原先的總經理、副總經理被撤職後，新上任的總經理聲稱只管今後的業務，在此之前的事一律不管。這樣一來債權人更加火上澆油，群起大嘩，衝進銀行，包圍了總經理室，聲言大家的錢是存到中實銀行的，而不是交給某個個人的，銀行內部人事變更，和債權人不相干，新任總經理應還清債務，不還，法庭上見！新任經理無奈，到任僅5天即宣布辭職。

與天津總行的「熱鬧景象」相反，上海分行的日子卻十分平靜。天津曾發急電要上海分行調撥現銀至總行解圍，然而劉晦之把天津的事情看得很透，認為是內中自己人在搗亂，調去現銀再多也是投入無底洞，解決不了問題，因此回電拒付，給了津行當頭一棒。總經理龔心湛不得不從天津親自跑到上海，與劉晦之密商解圍之法。最後，龔心湛只好將總經理的位子讓給劉晦之，並同意將總行遷到上海。天津的擠兌風潮在滬款到達之後，方才漸漸平息。

「特別有獎儲蓄」風波

劉晦之一上任，就大刀闊斧地進行整頓，一方面獎掖人才，吸收存款，催還舊欠；另一方面裁減人員，節約開支，改派孫履安等人接任天津分行正、副經理，並在全國範圍開設「特別有獎儲蓄」專項業務。

這種「特別有獎儲蓄」與法國人萬國儲蓄會的「有獎儲蓄」大有不同。萬國儲蓄會的有獎儲蓄以15年為期，期限太長，而且開獎機會少，一般儲戶圖利心切，時間一拖長便失去了興趣。而劉晦之想出變通的一招，以8年為一期，每年開四次獎，以10萬號為一會，每一整號30元，分為10個零號，儲戶可以整買，也可以分買，一次交足，特獎1萬元，到期還本附加利息。這一招是開國人舉辦的有獎儲蓄之先河。公告一出，全國轟動。

儲戶出於中獎致富的心理，紛紛前來認購，由於爭購的人多，還出現了「黃牛」從中投機，大量躉出，然後上大街設攤兜售，從中漁利。於是各分行每天都收入大量現金，尤其是總行，流動資金最多時達到4000萬元，這在當時是個極了不起的數字，僅次於中國銀行，一度已超過了交通銀行。然而，「人怕出名豬怕肥」，中國實業銀行的飛速發展引起中外銀行業主的怨恨，於是想方設法對其

(左）劉晦之當年的藏書樓「小校經閣」。
(右）大門上的標記仍然是中國實業銀行。

內外夾攻，企圖整垮它。

「徐堪不堪」

中實銀行申請發行「特別有獎儲蓄」時，劉晦之耍了一個「門檻」，他看準宋子文出國在外這個空檔。這一

點極關重要，如果宋子文在國內，他是財政部長，如此涉及全國的金融活動，非經他同意不可，然而劉晦之的班底幾乎都是北方清末遺老，與國民黨很少瓜葛，要想獲得宋的同意，沒有十分把握。當時宋的部下、財政部錢幣司的司長徐堪與劉家有舊。徐堪的父親原是劉秉璋在四川總督府時的僚屬，劉晦之利用這層關係拉徐擔任中實銀行的董事，並贈送他一幢小洋樓作為「辦公地點」，以此催他下決心，趁宋子文在國內之機，批准中實銀行發行舉辦「特別有獎儲蓄」。徐堪果真「不堪」一擊，各種好處到手後，就批准了中實銀行的計劃。外界人士很不以徐某為然，當他後來與陳行、宋子良勾結一起從事金融投機時，社會人士譏其為「三不公司」，即「陳行不行，宋子良不良，徐堪不堪」。

宋子文回國後，不少銀行界人士跑到宋子文面前告狀，說劉晦之搶了大家的生意，干擾了正常的金融秩序，要宋子文出面制止「特別有獎儲蓄」。上海的大亨杜月笙等人則主張「徹底開放」，既然一家可以辦，那麼大家都可以辦，「讓大家都辦辦『有獎儲蓄』，有利大家沾沾嘛！」一時弄得沸沸揚揚，都看中了「有獎儲蓄」這塊肥肉。

然而宋子文另有打算，他正在舉辦「航空獎券」，怕劉晦之的「特別有獎儲蓄」拖了他的生意，影響「航空獎券」的發行，於是下令停止「特別有獎儲蓄」的活動。劉晦之得知後，趕忙託人前去說情，而宋子文竟藉此機會猛敲竹槓，要中實銀行拿出60萬元法幣，否則立即停辦。劉晦之算了算，如果拿出60萬元，「有獎」活動就無利可圖，那還不如不辦算了。劉一向與國民黨無甚交往，此時亦無心再與之討價還價，不許辦那不辦就是了。

可是，「有獎儲蓄」已煽起儲戶們濃濃的利欲，很多人大批認購，現在突然間宣布停辦，導致中實銀行信譽暴跌，引起市民的極大恐慌，「馬頭票」又成了極不可靠的鈔票，昔日天津分行的擠兌風潮這回在上海重演，局勢十分緊張。劉晦之只得整日在銀行坐鎮，積極設法調集銀元，平息風潮。

對於宋子文的這個「殺手鐧」，原先劉晦之估計不足，本以為徐堪到關鍵時候會站出來為中實講話。誰知此時徐堪完全仰仗主人的旨意，對中實銀行倒打一耙。所以有人講，徐堪拿了中實銀行的好處，但並沒有真幫中實的忙。抗戰勝利之後，宋子文、孔祥熙先後均不得勢，而徐堪卻扶搖直上，取而代之，成了財政部部長，又出任中央銀行總裁，可見其「不堪」之至。

宋子文「吃掉」中實銀行

1935年，宋子文接受了英國人的建議，在全國實行統一的法幣政策，整頓金融市場，把鈔票的發行權收歸國家銀行，兼併那些平素他看不順眼的私人銀行。這樣一來，首先中實銀行發行「馬頭鈔票」的權利就被裁撤了，而且銀行也被國民黨政府宣布「改組」，加入官股，並派了原中央銀行國庫局長胡孟嘉為中實銀行的總經理。這時銀行本來的私股400萬元，經宋子文新的幣制改革下來，只折合到60萬元，官股加入340萬元，雖然帳面上仍為400萬元，但大家手裡持有的股份已大大貶值了。

劉晦之被宋子文逼得心灰意懶，索性辭掉了總經理的職務，一頭鑽進他的小校經閣裡去了。

躲進小樓成一統

劉晦之在建造中實銀行大廈前後，還在新閘路上選址建造了自己的住宅樓和藏書樓。這個藏書樓叫「小校經閣」，為二層磚木結構的八角飛簷式樓台，房頂由琉璃瓦鋪就，每只屋角上還飾以各種吉祥小動物，是目前上海灘僅存的傳統式私人藏書樓舊址。

劉晦之在此儲有500箱藏書，共計10萬冊，至中國解放，還有宋版9部、各地地方志1000餘部、善本書1928冊（按解放初的標準），還儲有28000片甲骨文和數百件青銅器。當年郭沫若亡命日本時，劉晦之曾請人拓下他所藏的甲骨上的文字，集為《書契叢編》共20冊，託中國書店的金祖同帶到日本，供郭沫若研究。郭沫若見後歎為觀止，從中挑選了1959片，先期研讀考釋，並據其著成了甲骨學上有重要意義的《殷契粹編》一書，在日本出版。

1953年，劉晦之把所有的藏品，青銅器、甲骨龜片、藏書、藏墨，以及唐代樂器大小忽雷二具，全部捐獻國家，成為解放初向國家捐獻文物最多的人之一。陳毅市長曾頒發嘉獎令，表彰他的愛國主義精神。

72
「金的城，銀的行」：金城銀行

黃浦區江西中路200號（現為交通銀行上海分行）

周作民赤手空拳辦銀行

江西中路200號交通銀行大樓，過去是著名的私人銀行——金城銀行所在地。銀行老闆周作民，從一個身無分文的留日學生，很快變成一位大名鼎鼎的銀行家，而且在政壇多變、世態紛繁的大上海站穩了腳跟，個中傳奇故事，每每令老上海們叫絕。

當初周作民從江蘇淮安老家乘船到上海，只帶了一只包袱，同行的還有兩個人，一個是後來也成了大銀行家的談荔蓀（大陸銀行老闆），另一位是當代著名詩人王辛笛的父親王慕莊。談荔蓀家裡有錢，單獨包了一隻船到上海，周、王二人家貧，只好搭乘班船。周的語文老師是著名學者羅振玉，羅振玉愛其才，到廣東公學任教時便函召周氏赴粵就學，周作民實因家貧無路費，一延再延，直至第二年秋天，還是多虧一位同鄉王仲書典押了大衣相助，才得以成行。在廣東期間，他的學費均由羅振玉資助，而生活費用，則全靠夜間幫人抄寫材料打點小工維持。好在他勤奮好學，刻苦耐勞，幾年後考取了廣東官費赴日留學，誰知讀了兩年半，官費停發，他又斷了，只好不及畢業而返回上海。

赤手空拳的周作民當時窮到那個程度上，可是心氣卻馳騁萬里有餘。他不滿意在北洋政府財政部裡一個僉事（相當於科長）的小小職位，時時注意利用業務關係之便，與一些官僚、闊佬拉關係，時機一成熟，他便獨立山頭，拉隊伍，辦銀行。

一次他在交通銀行任上被派往蕪湖辦事，去向安徽省督軍倪嗣沖要求在蕪湖開設分行。此事交通銀行曾多次派人去蕪湖，倪嗣沖為人霸道，不予理睬，這次周作民又來了。20天中，他開口不談設行事，只講貸款給安徽發展茶葉事，一番游說把倪嘘得眉開眼笑，當晚倪氏設宴款待，宴罷又搓麻將。頭一晚，周故意輸錢五千，當即開中國銀行支票支付。倪見其出手大方，舉止豪邁，又於金融、財政、實業諸端論述得頭頭是道，內心十分贊許。周在安徽周旋了20多天，混熟了許多朋友，臨走時才提出設行事，倪自然未加考慮

金城銀行大廈現為交通銀行。

即點頭允諾。

兩年後周作民擺脫了「五日京兆」（指當了極短時間的官）獨立出來辦銀行，倪嗣沖成了他的大股東，其他股東不是政府顯要就是地方豪紳，有大資本家王郅隆、陸軍次長徐樹錚、財政次長兼天津造幣廠監督吳鼎昌、陸軍部經理司司長陳國棟、山東省財政廳長曲卓新、長蘆鹽運使段永彬，以及交通銀行的高級職員胡筠、任鳳苞等。就這樣，周作民本人雖無甚錢財，在董事會裡無席位，但拉攏人心非常得法，終於收足了200萬元資本，當上了總經理。又取「金城湯池，永久堅固」之意，為銀行取名為「金城銀行」，所謂「金的城，銀的行」是也。果真，該銀行在他的主理下，幾十年間興旺發達，多次化險為夷，一直發展到解放初公私合營。

孫科上門敲竹槓2億

金城銀行發展到抗戰前夕，已在全國各地設置分行及辦事處達65處，存款額在1939年達23710萬元，成了中國私營銀行的「大哥大」。1936年，由於北方日本人勢力的滲透，銀行決定向南方發展，一來可以進一步向南京政府靠攏，同時又便於加強並增設長江流域與華南地區以及香港的機構與業務。這一年，周作民將總行從北京移到上海，並在江西中路造起雄偉的金城銀行大廈。

金城銀行新廈臨近外灘，馬路對面就是工部局，地域上左右逢源，占盡風光。新廈由清華畢業的中國工程師莊俊設計，高貴典雅，富麗堂皇，尤其一樓和二樓的營業大廳，不僅天花板的雕花和吊燈類似歐洲豪華的歌劇院，一樓大廳內又設大理石雕花的台基式樓梯，使人好像步入了皇家宮苑，其氣派比匯豐銀行亦不遜色。

常言道：「樹大招風。」金城銀行發了大財，自然引起官僚豪門的眼紅，時不時地就來敲敲竹槓，製造些麻煩，此頗令周作民頭痛。

抗戰勝利後的一天，突然有兩個陌生人來到金城銀行經理辦公室，他們手持一封立法院院長孫科的親筆信，信中說：「作民總經理吾兄台鑒：敝眷頃需頭寸運用，數額約2億元，擬向貴行抵押透支，一切手續即著楊慶簪、藍業廣兩君洽辦，至希賜予玉成，無任感荷。此候台安！孫科1946年6月6日。」

周作民皺起眉頭，知道這是敲竹槓，左右為難起來。應酬吧，當時2億法幣確實不是個小數目，折合1000兩黃金；不睬他吧，這種人什麼事都幹得出來。孫科信中講的「敝眷」就是曾經名噪一時的交際花藍妮。藍妮原是國民黨財政次長李調生的兒媳，離婚後當交際花結交權貴，成了孫科的情婦，她想利用孫科這塊招牌向周作民敲竹槓，供她揮霍，而孫科竟在信中稱她「敝眷」。

接信5天之後，周作民生怕出事，親自去拜訪孫科，除寒暄外，彼此有意不提借款之事，可是藍妮在一邊忍耐不住了，竟當面提起借款之事，周只好講已經交給下面在辦了。過了兩天，楊、藍2人又闖進銀行大樓，氣勢洶洶，非把錢弄到手不可，周氏出於無奈，只好同意。隨後藍妮拿出幾幢在白賽仲路（現復興西路）的房屋地契及所有權狀作為抵押品。可是這筆借款的期限一轉再轉，過了一兩年，由於法幣惡性膨脹，2億元的數字後來已經值不了幾個錢了，金城銀行白白地遭受了損失，只好把她的押品退了回去。

「總經理」換得一紙批文

抗戰勝利之後，國民黨的接收大員陸續到了上海。金城銀行是一著名私營商業性銀行，自然成了國民黨各級官僚敲榨的對象。他們一會兒放出空氣說周作民是漢奸，要嚴懲，一會兒又派人衝進周的住宅將其綁走，事後再放出來，說明是「誤會」，弄得銀行上下人心惶恐，不可終日。

為了加強橫向的力量，金城銀行在戰前曾與鹽業銀行、大陸銀行和中南銀行結成了同業聯盟，成立了四行儲蓄會，並在漢口路、四川路路口蓋起了四行儲蓄會的銀行大廈。不幾年實力大增，繼而於1934年又在南京西路造起了24層大廈的國際飯店，為東亞最高建築，豪華富麗，名噪海外，四行儲蓄會又藉此名聲大振。抗戰勝利之後，為重振旗鼓，周作民與錢永銘主持，將四行儲蓄會改為聯合商業儲蓄信託銀行，向國民黨政府申請立案，可是這一批文卻遲遲發不下來，原來，其中又是一場騙局。

國民黨政府財政部有一司長叫戴銘禮，伺候孔祥熙、宋子文多年，很得寵信，又與蔣介石為浙江同鄉，於是狗仗人勢，囊刮甚豐。他看到國民黨財政經濟正在走向崩潰，想為自己謀條後路，另作他計，一旦國民黨完蛋，自己也不至於去討飯。其時適逢四行儲蓄會申請改組，成立聯合商業儲蓄信託銀行，申請文件傳到了他手裡，他便抓住這一千載良機，將文件壓住不簽發，任周作民託張群向蔣、宋申請並獲得首肯，戴氏硬是找藉口拖延，等周作民他們親自找上門來好講條件。

大家正在疑慮之際，恰好戴銘禮與錢永銘有同鄉之誼，在滬與錢的接觸之中，透露了真實的意圖，「願效馳驅之意」，並談及申請改組的批文，戴說不日即可批准。錢永銘將戴的意圖轉告了周作民，周作民恍然大悟，原來是這個傢伙從中作梗，還意欲當銀行的總經理，真是豈有此理！周作民怒不可遏，但迫於形勢又不得不作出讓步，結果就以聯合商業儲蓄信託銀行總經理的代價，換取了批准銀行開業的批文，一場權錢交易始

營業大廳天花板上裝飾。

得以告成。這在今天看來，乃咄咄怪事。

金城銀行解放後公私合營，那幢大樓後來曾作為上海青年宮活動場所，改革開放以後成為交通銀行上海分行行址。周作民本人解放前夕去香港，與潘漢年有聯繫。解放前夕，潘漢年組織在港的民主人士李濟深、黃炎培等從海路北上進京，就是周作民花30萬元港幣租到一隻船成行的。他本人於1950年3月返回大陸，出任「北五行」（金城、鹽業、大陸、中南、聯合商業儲蓄信託銀行）的董事長，1955年在滬去世，享年73歲。

大世界的創辦人黃楚九。

73

寶塔「鎮邪」的大世界遊樂場

黃浦區西藏南路1號（現為大世界遊樂場）

風水先生說，造座寶塔能鎮邪

當年，上海灘的大亨黃楚九辦遊樂場出了名。他先是在新新舞台的屋頂辦起了「樓外樓」，號稱上海第一家遊樂場；接著又與英商買辦、地產大王經潤三合作，在南京路、西藏路口辦起了更大的「新世界」遊樂場，成為當時上海灘取有名的大眾娛樂場所。可是好景不長，1916年經潤三去世後，經的老婆汪國貞號稱「經大娘娘」，處處排擠黃楚九，私自讓自己的外甥張石川來主持一切。黃楚九一怒之下便拆股而去，準備另起爐灶與這「娘娘」「別別苗頭」。

當時上海各種遊樂場已有十多個了，大多設在公共租界。1916年來，黃楚九集滿了80萬資金，準備覓地造屋的時候，法租界駐滬領事甘司東知道了黃的計劃，於是派人與黃聯繫，希望他能把這一新的遊樂場辦在法租界，以利促進法租界的繁榮，並表示如果這一計劃可行，法租界將全力給予支持和保護。黃楚九自然高興，便在法租界洋涇濱（現延安東路）旁邊覓得了一塊14000多平方米的土地，著手興建「大世界」。此名亦是衝著「新世界」來的，一心要把「新世界」比下去。

當房子造好一半時，黃楚九為保萬無一失，請了一個風水先生替他看看風水。這個風水先生手拿陰陽盤，東轉轉，西看看，嘴裡唸唸有詞，最後指著已造好的大門說：「大門朝東通黃浦江，黃浦江又直通吳淞口，吳淞口每天潮起潮落會捲走財氣，不可不可！」黃楚九聽後覺得有理，趕緊吩咐把大門堵上，另在西北部重開大門。可是風水先生來到西北方向，看看天又看看地，沉吟半響又說：「此處南來北往邪神太多，須建一寶塔來鎮惡克邪，方才能大福大順。」黃楚九聽了有些犯難，遊樂場是娛樂場所，遊人又不是來燒香的，供在場內有些不倫不類，而且又占地方。黃楚九到底老謀深算，腦子活絡，終於想出了個好辦法，即把寶塔架高蓋在大門上面，這樣四層屋頂上再加塔樓一座，豈不既威風又鎮邪？於是，那座鏤空的寶塔就誕生了。可惜這座寶塔似乎「法力」不太夠，大世界裡照樣污泥濁水泛濫，「妖風」四起，甚至還發生過槍戰。

「妖風」四起，大世界你方唱罷我登場

大世界落成之後，擇7月14日（法國國慶節）晚上正式開幕。中外名流，一時雲集，黃楚九很是風光了一陣。

這個遊樂場占地14700多平方米，內設劇場、電影場、書場、雜耍台、中西餐館等，面積是「新世界」的兩倍，日夜接納的遊客也超過「新世界」一倍以上，而且，上演的劇場、劇種都比「新世界」多得多，底樓設「共和廳」，引滬上名妓輪流獻藝，美其名曰「群芳會唱」；又在露天場地安裝高空飛船，吸引兒童們來玩：「乾坤大劇場」分上下兩層，有千餘座位，每天夜間上演京劇，又開男女同台演出之先例，成了當時一些名角的發跡之地；白天則演電影，諸如《七粒珠》、《黑衣盜》等偵探片、驚險打鬥片，好萊塢的影片一部部接著上映，真正吊足了市民的胃口。

為了使大世界在十里洋場獨占鰲頭，黃楚九還動足腦筋，在大

世界裡辦了一個遊覽儲蓄部，除藉以集資外，還以贈送大世界門票來吸引遊客。1920年，又將「打詩謎」這種文化賭博引了進來，每個攤位月租開始四、五百元，後又漲到七、八百元，最多時共有十幾個攤位。同時，一批暗娼買了大世界長期門票（類似現在的月票），常年以大世界為基地拉客賣淫，名為「跑世界」……不數年，以大世界為中心，周圍陸續出現了賭窟、妓院、燕子窩（鴉片煙館）、銀行、錢莊和旅館、餐廳、各類商號，確實如法國總領事所希望的那樣，大世界把一片冷清的地段變成了繁華的流金之地，加速了法租界的繁榮。

然而黃楚九的好夢並不長久，十幾年後，大世界成了黃金榮的產業，改為「榮記大世界」了。這只怪黃楚九當年發財胃口太大，良心太黑，做投機生意失敗所致。在買空賣空的交易中，黃楚九碰到了一批手段比他更刁的賭徒，因而大蝕其本，黃又將大世界內日夜銀行的資本投機於浙江路的地皮房產業，指望獲利。然而事與願違，其時恰逢「一・二八」戰事發生，上海市面驟然蕭條，地價一落千丈，新造的街面房屋竟無一人租

（左）大世界內露天舞台。
（中）今日的大世界。
（右）1930年代的大世界。

白金龍香烟
CHRYSLER
烟台啤酒
GOOD RICH

借。這樣一來，黃只好再度挪動日夜銀行的資本，終而債台高築，資金周轉失靈，只得宣布倒閉，到頭來，不得不把大世界也作價還債，黃金榮趁機抓到了手。

血肉橫飛，遊樂場內外槍戰起

黃金榮把大世界這塊肥肉抓到手後，派他的得意門徒、寧波人唐嘉鵬當經理，這就引起了他的另一門徒、蘇州人陳榮生的嫉妒。唐和陳原本都是黃金榮的得力幹將，一個是寧波幫的首領，一個是蘇州幫的頭子，兩個人在黃金榮手下各顯神通，同時又勾心鬥角，互相挖牆角，努力在黃面前爭寵。

唐嘉鵬剛一上任，陳榮生就派人多方偵察，打聽唐嘉鵬的劣跡。不久，陳獲得一條爆炸性的消息，說是唐嘉鵬對黃金榮的媳婦懷有不良企圖。他如獲至寶，立即到黃金榮面前搬弄是非。不料這些傢伙都是你中有我、我中有你，消息傳來得快，唐嘉鵬也探知了陳榮生在壞他的事，一怒之下，便派手下的門生趁天黑之際，將陳榮生暗殺在蘇北幫首領顧竹軒開辦的天蟾舞台的後門。

這下又觸怒了陳榮生的哥兒們，下決心要為陳報仇。其中有個叫許福保的，曾因為在大世界包場問題上，與唐嘉鵬發生過糾葛，一直耿耿於懷，這回聽說陳榮生被其暗殺，那還了得，想方設法也要以血還血！

許福保先是找了蘇北幫的大亨顧竹軒作後台，然後找到顧竹軒的門徒王興高，說是顧竹軒授意要他去殺唐嘉鵬。王興高信以為真，滿口答應下來。

一天，按照許福保的安排，王興高事先埋伏在大世界門口一帶。天一黑，當唐嘉鵬大搖大擺地出來時，王興高突然高呼一聲：「打！」接著「砰砰砰」一陣亂槍

當年的大世界內景。

從四面飛來，唐嘉鵬身中數槍，當場斃命。

黃金榮接連失去兩員大將，惱怒異常，抓起電話向法捕房報案，不久凶犯王興高被捕，供出主謀是顧竹軒，顧竹軒被關進牢獄，判刑15年。顧竹軒當然不服，在獄中多次提出上訴，最後經國民黨政府最高法院終審判定，宣布顧無罪，交保釋放，而真正的主謀許福保亦不了了之。

解放後大世界仍作為遊樂場享譽中外，「文革」中稱之為青年宮，一度並不對外開放，僅作為青年藝術家的培養基地。改革開放以後，大世界重振旗鼓，保留了傳統的戲劇、評彈、雜技、舞廳等項目，還新設了碰碰車、「魔鬼世界」、電子激光射擊（雷射槍）等現代遊藝節目。當然，哈哈鏡是永遠的保留節目。每到節假日，總是人山人海，外地人士甚至說「不到大世界，等於白來一趟大上海」，可知其今日的身價仍不減當年。

7 4

百貨之王：大新公司大樓

黃浦區南京東路、西藏路路口（現改建大廈中）

張權倒在黎明前的大新公司大門口

50年前5月的上海，中國人民解放軍解放上海的炮聲已隆隆打響，第三野戰軍在陳毅、粟裕的指揮下，裝甲車已開到了霞飛路（淮海路）、海格路（華山路）一帶，很快就要撲入市區，解放蘇州河以南的大片城區……就在這黎明前的5月21日，殘餘的國民黨軍在南京路、西藏路路口的大新公司門前，上演了血腥的一幕——將張權等6名中共地下黨「要犯」槍殺在血泊中。

張權將軍是中共地下黨領導的、在國民黨守城部隊內部策反的上海軍司令員。早在西安事變之後，周恩來就透過張治中將軍，把西南聯大出來的共產黨員王亞文推薦給他當上校秘書，從那時起，王亞文一直在張身邊參與機要，溝通著他與中共領導層的秘密聯繫。

1949年4月下旬，人民解放軍橫渡長江，攻下了國民黨的老巢南京城，大兵南下，直逼上海，蔣介石慌忙調集殘兵，並親自坐鎮上海頑抗。張權將軍根據地下黨的指示，決心加緊策反上海的蔣軍部隊，與城外部隊裡應外合，迎接大上海的解放。原定參加的蔣軍部隊有：吳

大新公司（現中百一店）遠眺。

淞口炮兵司令部百昌部、西體育會路的炮兵51團團長劉仲權部、駐交通大學的51軍軍長劉秉鉞部、駐浦東的青年軍230師師長方懋楷部、市區的摩托車團團長鍾勉部、駐楊舍營的王輓危師長等部。叛軍準備在5月16日上午10時舉旗，叛軍司令是張權，政委是王亞文。張權又將侄女婿秦軒然從台灣調回上海，任虬江路倉庫主任，因那個倉庫裡儲存著美國援助國民黨軍隊的各種新式武器、彈藥和6000噸通訊器材，這將是叛軍的重要補給基地。

不幸的是在臨近暴動的前一天，叛軍內部又出了叛徒，國民黨132師中校情報科長張賢出賣了張權。張權在獄中7日，受盡酷刑，對中共地下黨的活動隻字未吐。蔣介石勃然大怒，在南京路張貼告示：「張權等6犯曾屢犯搶劫，怙惡不悛，近又受共黨誘惑充作銀牛……」並將其殺害在上海最繁華的街頭、大新公司大門口。

四天之後25日的清晨，人民解放軍荷槍實彈，浩浩蕩蕩地占領了南京路。蔣介石之所以選中大新公司門口作為最後的屠場，正是看中了大新公司在上海市民中不同凡響的地位。

自動扶梯吊足了市民們的胃口

大新公司老闆是香港大新百貨公司的蔡昌，曾執中國百貨業之牛耳。

大新公司大樓1936年落成時，是一幢集購物、餐飲和遊樂於一體的綜合性現代商廈。整個建築線條清晰，色澤淡雅，融匯了中西風格的建築語言。1層至3層是百貨商場，中間是餐飲，6至10層為大新遊樂場，劇院、舞廳、咖啡、遊戲，樣樣俱全，可同時容納上萬人參加遊樂活動。漂亮的女招待被稱為「玻璃杯」。「到大新公司去敲玻璃杯」成為上海白相人（游手好閒的公子哥）的一句口頭禪。最令市民們感到新奇的，是那從1樓至3樓的輪帶扶梯式自動電梯，開中國使用此種電梯之先河，每分鐘行速90英尺，每小時可供4000人上下，僅此一招，就使得南京路上人流倍增。開業之前，大新公司在報紙上大做廣告。開業那天，為爭睹和搭乘自動扶梯的顧客像潮水一般湧來。50多年後的北京西單商廈開幕時，興奮的市民第一天就把自動電梯給「擠癱」了，而上海的市民有幸在50多年前，就從自動扶梯式電梯上認識了大新。

大新公司的商場內中外商品山堆海積，顧客每天都摩肩接踵，尤其店方抓住了上海人喜歡獵奇新玩藝兒和喜歡外國洋玩藝的心理，想方設法組織貨源，就很快在四大公司（永安公司、先施公司、新新公司、大新公司）中顯露了頭角。這個後起的生氣勃勃小弟弟大出風頭，惹得其他三家公司不得不聯合起來，想出種種計謀，共同對付大新。大新也不示弱，在營銷上步步為營，大膽迎戰，新招迭出，加上遊樂場的吸引力，始終銳氣不減，蓬勃發展。

「兩岸青山相對出」之夢

與大新公司的新潮和氣派景象不同，大新公司馬路對面的大慶里卻是一大片石庫門式里弄住宅，占了西藏路、南京東路、九江路、雲南路，整整一個大方塊，這兒當時是上海寧波籍房地產鉅商周湘雲的房地產。

周氏三代人均經營房地產，周湘雲的父輩從寧波初到上海時，還過著「一個鹹鴨蛋要過三頓飯」的日子，到了抗戰前已是身價500萬。周湘雲的弟弟周純卿還以擁有上海第一號汽車牌照聞名。

大新老闆蔡昌1934年來滬選地造樓的時候，也看中了大慶里，商之於周湘雲，能否割讓大慶里，允其另起高樓，或者共同合作，高樓造好共同經營，這樣南京東路、西藏路路口，必成「兩岸青山相對出」之勢，亦為上海灘增添一景。可是周氏不知出於何種考慮，既不願賣地，亦不參加合作，任大慶里弄堂縱橫，百業叢集，三教九流，無奇不有，只要南京路興旺，大慶里就不愁沒有客戶。蔡氏鑒於周湘雲的態度，斷言道：「大慶里今日不倒，將來就不知何時了！」

果然，隨著商品經濟的發展，南京路成了寸金之地，大慶里的每條弄堂都不知是幾百上千的房客了。從弄堂口望進去，密密麻麻的「星條旗」(居民們用竹竿挑曬的衣服)，亦如大新貨架上的百貨，令人透不過氣來。要想改造、拆遷，真的是誰也「吃」不動了。

1997年夏天的一個晚上，在改革開放的大潮衝擊下，大慶里這片百年老宅，終於轟然倒下了。在這片土地上，一幢跨世紀的現代化智能型巨廈橫空出世，為華夏第一街再添一顆「鑽石」。60多年前，蔡昌所憧憬的「兩岸青山」，不僅是「相對出」，簡直要聳入雲天了。

75

百年賭窟：跑馬廳大廈

黃浦區南京西路325號（現為上海美術館）

（左）鐘樓上的鐘錶。
（中）跑馬廳大廈，現為上海美術館。
（右）1930年代跑馬時的情景。

最後一個跑馬場

南京西路人民公園西側聳立的灰色鐘樓，解放前是跑馬總會的馬廳大廈，是100多年前上海跑馬的最後「遺址」。現在綠樹成蔭的人民公園和花團錦簇的人民廣場，過去都是第三個跑馬場的跑道，而從灰色鐘樓起，包括體育宮在內的沿黃陂北路向南，一直到上海大劇院一帶的建築，都是跑馬總會在1930年代的最後一批建築。

這幢鐘樓高8層，主體建築高4層，外牆用紅磚和石塊交織砌築，朝跑馬馬道的一面底層，建有大型露天看台，西側立面飾有貫通二、三樓的巨型仿塔什干式立柱，遠遠望去十分壯觀。樓上窗朝跑

馬場的屋子均伸出了陽台，寬大的落地門窗，典雅而富有流線美，大多為跑馬總會會員觀賞時的包廂。延伸到黃陂北路一側的大樓，過去叫跑馬總會公寓，住戶亦多為跑馬圈子裡的富戶。

上海從1850年開始跑馬，麟瑞洋行的大班、英國人霍格等5人組成了最初的「跑馬總會」，當時的跑馬場設在今南京東路、河南路一帶，範圍有80畝地。1854年由於市政建設的需要，跑馬場讓出了場地發展新市區，就向西遷移，遷到今浙江路和西藏路一帶，購置了一塊南北長、東西短的約170畝場地，是為第二個跑馬場。現在湖北路和浙江路一線，馬路均呈弧線型，細心的老上海們，從中不難發現當年跑馬馬道的走向。1864年太平天國在江南打仗，鄉間財主和殷實之家大量湧進上海租界，致使租界人口激增，南京東路一帶逐漸成為繁華之地。市區人口的膨脹，迫使跑馬場再次西遷，遷至西藏中路至黃陂北路之間，共計430畝地的範圍，成為第三個跑馬場，也是最大的跑馬場。十幾年間跑馬場兩度西遷，反映了當時租界發展之迅速。後來雖然在江灣一帶也開過跑馬場，但其影響和規模遠遠不能與此相此。

這個跑馬廳的收入平均每年達800萬銀元，僅僅跑馬廳門票一項，每年也要收入10萬銀元。所以樓房越造越奢侈，大班們的腰包越來越肥厚，真正受害的則是廣大百姓。

馬的奇蹟

上海最後一次跑馬是在1943年，當時已是抗戰後期，原先有實力跑馬的洋大人們很多都被日本人關進集中營，跑馬總會也逐漸解體，可是在1850年到1943年這將近100年的跑馬歷史中，跑馬總會的洋大人們真不曉得發了多少財，在上海灘不曉得引發了多少傳奇故事。

跑馬場堪稱一個大賭場，參賽的馬匹都是洋行主子和大班私養的馬。沙遜洋行老闆維克多・沙遜一個人就養了幾十匹馬，洋行裡專門有人管馬帳，每年夏天還要運馬去青島避暑，哪匹馬跑得最快，他們心裡最清楚，並透過雇傭的騎士進行操縱，所以他們發財是「命裡注定」的。

賚賜洋行的老闆、猶太人馬勒的發跡，更是上海灘跑馬的奇蹟。他來上海時本是一個窮光蛋，居然靠跑馬發了大財。他的花園裡豎有一尊青銅馬塑像，據說此馬是他的「恩公」，馬死後就葬在花園裡。這個花園現為衡山別墅，那匹青銅馬現在仍立在花叢中。

在中國人中玩跑馬出名的，是號稱「周三盛四」的兩個富翁花花公子。周三是揚州大鹽商周扶九的孫子周紫田，養了十幾匹賽馬，每年要運到大連去受馴，臨到賽馬的時候再運回，可是他買馬票的門檻並不精，未見發什麼大財，都是靠吃遺產。他不僅跑馬有癮還「跑車」上癮，共買過12輛進口高級轎車在上海灘兜風，風頭一時占盡。人倒高壽，活到「文革」，家財卻被他全部敗光，潦倒而終。

「盛四」是指清末大官僚盛宣懷的第四個兒子盛恩頤，世稱盛老四。盛老四在跑馬最興盛的時候，在跑馬場養了75匹馬。據說他會為馬「看相」，所以買馬票門檻很精，常常是贏家。他的後代講，他在賽馬前一個小時是不允許別人跟他講話的。他似乎在閉目養神，實際上是在心中暗算，有時嘴裡還唸唸有詞。等他睜開眼睛同家人講話時，總是他下的賭注已經決定好了，於是他押哪一匹馬，他的親戚朋友們也都跟在他後面押，然後大家散去，有的去逛街，有的去看賽馬。去逛街的回來就等著拿鈔票了，因為盛老四常常是贏家，跟在他後面的人越來越多，他的名氣也就越來越響。

跑馬釀成的王蓮英謀殺案

每到賽馬季節，報紙上總會出現一些因跑馬負債而傾家蕩產，或者夫妻口角憤而自殺的消息。其中多數為小職員，懷著僥倖心理或者聽了別人的鼓動去買馬票，結果一旦失敗，後果不堪設想。其中最為轟動的是閻瑞生害死妓女王蓮英一案，可以說是上海跑馬史上的一大悲劇。

兇手閻瑞生是一洋行職員，與朱葆三的五少爺是同窗，憑著一口流利的外語在市面上也挺混得開，不僅熱中跑馬，還與久安里的妓女混得挺熟。跑馬輸了錢，就去動妓女的腦筋。有一天他對久安里的妓女王蓮英說，下午要去跑馬廳跑馬，這幾天運氣不太好，想借用她的一只大鑽戒去出出風頭。而王蓮英的這只大鑽戒是朱五少爺送的，閻瑞生不敢冒犯，有借必須有還。

誰知閻瑞生這天下午更加倒楣，把借來的鑽戒典成600大洋也輸個精光，於是動了謀財害命之殺機。

閻瑞生找到朱五少爺，憑三寸不爛之舌先把轎車借到手，又找到一個車伕方日珊和無賴吳春芳，將自己的計劃和盤托出。方、吳聽後起先不肯，尤其是方，不願為他冒此風險。閻見狀便說：「事成之後我只要一只鑽戒，其餘首飾給你倆平分。」好說歹說，兩人總算答應。第二天晚間，他們驅車以到鄉間兜風為名，將妓女王蓮英騙到一片麥田裡。閻瑞生在前面與王竊竊私語，醉心於「賞月」，吳春芳就從後面用繩索套住了王的脖子，又用沾過迷魂藥的棉花球悶住她的口鼻。起初王還以為他們在跟她開玩笑呢，嘴裡不停地「咯咯」笑，等她明白過來的時候，閻、吳二人已將她拖入麥田深處，拚命把迷魂藥水往她口中灌……

兇手們從王蓮英身上摘下了十幾種貴重的首飾，揚長而去。

然而人們很快從閻瑞生當晚用過的車子上發現了蛛絲馬跡。閻瑞生先是躲到青浦岳母家避風頭，兩個月後，逃到徐州，最後在火車站被捕，押回上海。老閘捕房捕頭審訊他的時候，閻一聲不發，只好命手下搜其全身，結果一無所有。閻瑞生的一言不發引起一位捕快的注意，他出其不意地衝上前去，掀開閻的嘴巴，結果王蓮英的鑽戒正藏在他的嘴巴。閻在獄中經不住拷打，把另外兩名兇手也供了出來。

吳春芳當時藏在閘北華界寶山路黃德昌茶葉店的樓上，巡捕抓到他時，他一路上罵罵咧咧地大罵閻瑞生害了他，一副觸霉頭的樣子。最後，兇手自然要償命，閻

（上）大廈東側的廊柱。
（下）鐘樓。
（右）現為上海美術館。

瑞生如同他的綽號「閻羅王」一樣，真的去見閻王爺了。閻被槍斃的第二天，「笑舞台」就上演了新編文明戲《蓮英被難記》，將閻瑞生謀財害命的過程以戲劇形式全部揭露了出來。繼「笑舞台」之後，「新舞台」、「共舞台」也紛紛上演，還拍過電影，在上海灘轟動了好幾年。究其事情原委，還是為了跑馬。

江南文物的最後歸宿

解放以後，跑馬成為舊上海的歷史遺跡，跑馬場被闢為人民公園，1950年4月，跑馬廳大廈成為上海博物館和上海圖書館。解放以後國家鼓勵文物集中管理，大力表彰那些捐獻文物的收藏家，於是昔日跑馬廳大廈又成了江南文物的匯集地。

著名的西周重器大克鼎、大盂鼎，子禾子釜，以及大批古代瓷器、字畫、藏書，都源源不斷地集中到了館內。1959年，博物館遷到河南中路的匯中大廈，跑馬廳大廈歸上海圖書館。近年來上海圖書館又遷到淮海中路1515號辦公，這兒的老房子改造後成為上海美術館，再次以嶄新的姿態對公眾開放。

〈代跋〉

在上海「遊」洋樓

到上海旅遊，怎麼個「遊」法？想來大致有三個層次。

第一是看光景，即走馬觀花。南京路、淮海路、外灘、陸家嘴、東方明珠、城隍廟……哪裡熱鬧哪裡去，面面俱到而浮光掠影。這樣的旅遊幾乎閉著眼睛只要隨著人流走就行了，幾天下來照相機很累了，人也筋疲力盡，自以為大上海好看好玩的地方都去過了，有一大堆照片為證。可是細想下來上海怎麼樣？很多朋友都會說：「上海人真多呵……」

第二是吃風味，因為上海匯聚了東西南北各宗各派各幫的名廚高手，所以各種風味的大吃店小吃店如過江之鯽，不勝枚數。過去講究中餐、西餐。西餐中還要分法式西餐還是俄羅斯（羅宋）大菜、匈牙利西餐；中餐的名堂更多了，廣幫、閩幫、川幫、京菜、淮揚菜且不說，近些年又「生」出了杭州菜、湘菜、船（傳）菜、「東北料理」等等。所以「張生記」、「蘇浙匯」、「梅園」、「年年有餘」、「吳越人家」、「美林閣」都大行其道。還有那些躲在街頭巷尾、貌不驚人卻別出絕招、價廉物美的小店，如長樂路、富民路路口的「保羅餐廳」、茂名南路上的聯誼餐廳（淮揚幫、莫家菜的傳統）、復興中路茂名南路口的瑞福園……都令中外遊客伸出手來向店家要「片子」，以備向親友們推薦。能找到這種「無名小店」而流連忘返的遊客，是最最「門檻精」的遊客，往往是由在滬的親友帶路，才能裝上一肚子「風味」而歸。他們講起上海來，禁不住就會流露出：「上海小菜好吃呵……」

第三則是品神韻。這個神韻怎麼個「品」法，其實各有各的品法，仁者見仁，智者見智，不一而足。但是對於那些有一定歷史文化的涵養，有一定的審美水準，而且想看看上海「骨子裡頭」的內容，並把上海當作一座龐大的藝術品來品味的遊客來說，「遊一遊」上海的洋樓，倒不失為一個好辦法。

上海洋樓裡的學問太多。你可以看建築風味，可以看園林小景，更可以站在許多歷史名人站過的寬大的陽台上，品味歷史的雲煙，從而觸摸上海的「性格」。摩天大廈多集中於外灘、南京路一帶，好像是上海的寫字間或是大客廳，很講究門面的；而玲瓏透剔的花園洋房則多集中於徐匯區、盧灣區、長寧區一帶，似是上海的後花園，各有各的氣韻和風格。越是明白了樓內主人的滄桑經歷，也就越能看出樓的「門道」。我們的這本書，講的就是這些故事中的一組。

為旅遊方便，且為朋友們指幾條路線，大概可以節省點時間。（編註：本書75篇介紹的75棟洋樓以區分輯，依各路上景點由多而寡、同區由東向西編號，請參見地圖）

遊**外灘**一線的大樓時，千萬不要忘記到浦東發展銀行（原匯豐銀行）大樓裡走一走。尤其在底層的門廳裡要抬頭看一看，看看那組「世紀壁畫」的恢宏氣度，有沒有當年「日不落帝國」的影子？也不要忘記到和平飯店10樓的平台咖啡上去站一站，那可是俯視整個外灘和浦東的最佳方位。如果是在夜間，更會獲得一種奇妙的感覺。似乎能透過那座渾身綠色發光的金字塔，看到百年外灘的人世滄桑。如果從和平飯店出來往南走，走到廣東路口的時候，千萬要勇敢地轉彎拐進廣東路，因為廣東路上有一幢極其好看的洋樓，就是現為民生銀行外灘分行的廣東路93號。那從門廳直到三樓的宗教題材的彩窗、浮雕和柱頭、門飾，似是在走進一座藝術的殿堂。只可惜，那兒是銀行，不允許拍照。凡是銀行，為安全起見都是不允許拍照的，浦東發展銀行也是如此，江西路上的金城銀行（現交通銀行）也是如此。無論您跟值勤的保安人員如何磨破嘴皮，他們一律鐵面心腸，毫無善心。只能在他們「走神兒」的一剎那，偷拍一張。其他的外灘大樓，外形尚可品賞，而內部的浮雕、壁畫和人體雕塑，都已基本不存在了，都在那場特殊的「紅色風暴」中，被「掃入了歷史的垃圾堆」。

往上海的「後花園」走走，有好幾條優美的街道，「景點」相對集中而且儘可以拍拍照片。一條是**汾陽路**，可從淮海中路轉入汾陽路。20號是音樂學院，該院的辦公樓是猶太人俱樂部；45號是稅務司官邸，現為海關專科學校；79號是法租界總董「白宮」，現為工藝美術博物館；150號是曾在上海灘呼風喚雨的猶太人、司比爾門的舊宅，現為「仙炙軒」酒家。小樓丰姿綽約，各有一段奇特的經歷。

第二條是**華山路**。從延安中路、華山路路口，沿著華山路往西走，依次可找到蔡元培故居、丁香花園、孫家老宅、郭棣活舊居、范園、興國賓館。這些地方有的已是單位的辦公樓，要進去看個仔細，需與門衛師傅講講好話。丁香花園裡有「申粵軒」酒家，昂首闊步地說是赴宴即是。走過這些後再往前走約一站路，那兒有所中學，叫復旦中學。跟門衛商量一下進入校園，可去找該校的大禮堂。那禮堂及其周圍的灰瓦灰牆的中式房子，是當年李鴻章在上海的祠堂。眼下當然只保留了外形（已屬相當不易），內中的一切全都換掉了。再往前走，穿過淮海西路不久，那是上海交通大學厚厚的大紅門了。這所學校已有一百多年歷史，是盛宣懷所創辦，大門內右側的紅磚圖書館，是該校早期的建築之一，非常莊重、典雅。

第三條是**淮海中路**，從東到西，有七、八處小洋樓好看，但有的無法進去。比如盛公館，現為日本駐滬領事館總領事的官邸，門衛是不會通融的。榮鴻元的老房子現為美國駐滬總領事館，門衛更是雙倍地站崗扼守，「九・一一」事件之後，圍牆也加高了。有的則可以買門票，如宋慶齡故居。有的可以透過鐵柵欄，了解個大概情況，如蔣經國舊居。淮海西路走到最西頭，就是虹橋路了。虹橋路絕不可放過西郊賓館，那是個占地數十畝的巨型花園別墅區。不用我贅言，進去之後，所有的人都會感到別有天地。那的確是阿拉上海的一片「皇家園林」。但是乘計程車到此必須在門口停一停，每人要買好50元一張的最低消費券才可進入。然而叫司機把車慢慢地駛入園內的林蔭道（要慢慢地開，可細細地欣賞路邊景致）。十分鐘後，把車停在7號樓前，讓計程車去「另謀高就」，你則和朋友可步入7號樓大廳去喝咖啡或龍井茶，把那「50元消費券」消費掉，然後，開始花園漫步，最好是「西線」，在河邊漫步，有天鵝、野鴨、小松鼠和飛鳥相伴……

洋樓是要看、要「品」的。如果能仔細地看完這本小書再去「品」，那就更能感覺出味道，光憑空說說是不頂用的。

喜歡「品味」上海的朋友們，不妨走到上海的洋樓中來。

宋路霞

2003年4月於上海

內文簡介

一個河口小鎮，如何演變成國際的通商大埠，上海這個中國近現代史上的傳奇城市，五湖四海，藏龍臥虎，百年來有太多的故事太多的傳奇可述說，而那些一棟棟物是人非的洋樓則仍無聲地傳遞著一些昔時舊訊。

英國古典式、英國文藝復興式、法國古典式、法國大住宅式、巴洛克式、東印度式、哥德式、挪威式、日本式……等各國重要的建築式樣，把她打造成世界建築史上的奇觀勝景，被譽為「萬國建築博覽會」，當代建築大師貝聿銘更把這些建築群視為重要的歷史文化資產。

若說外灘一帶的摩天大樓是上海的「大客廳」，散落在上海西區和中區的洋房別墅便是上海的「起居室」和「後花園」；但是，這些舊時王謝——洋樓的主人哪裡去了？他們最後的命運如何？作者宋路霞女士讓他們從歷史中走了出來，訴說闖蕩「十里洋場」、「冒險家樂園」的風雲故事，許多與近現代中國的發展與屈辱、繁榮與沒落、秩序與紊亂息息相關，如盛宣懷、孫中山、宋氏姊妹、馬歇爾、張學良、蔣經國、汪精衛、白崇禧、陳納德……等等。

本書共分四輯：「徐匯漫步」、「虹口．盧灣往事」、「靜安．長寧舊夢」、「黃浦風雲」，分區介紹75棟洋樓的滄桑史，老照片和現景對照，重現歷史，頗值吟味，是可以珍藏的史料。另附上地圖及路線規劃，若您要探訪這一國際大都會的歷史風景，這又是一本很好的導遊參考，若您不能親訪，您仍可臥遊、珍藏。

作者

宋路霞

1952年生，山東濟南人。熱中文史掌故和傳記文學的寫作，著有《百年收藏——二十世紀中國民間收藏風雲錄》、《洋樓滄桑》、《上海近代藏書紀事詩》（與周退密先生合作）、《百年家族——盛宣懷》、《上海的豪門舊夢》、《繁花上海：洋樓的輝煌與滄桑》（原書名：上海洋樓滄桑）等。近二十年來醉心於上海名媛老旗袍的收集、展覽和出版事宜。

攝影者

陸輝

專業攝影師。

宋路平

上海市攝影家協會會員，上海市華僑攝影家協會會員，高級工程師。

責任編輯

馬興國

資深編輯，中興大學社會系畢業。

國家圖書館出版品預行編目(CIP) 資料

繁花上海：洋樓的輝煌與滄桑/宋路霞著 --
二版 -- 新北市：立緒文化事業有限公司, 民113.04
320 面 ; 14.8×21 公分. --（人文行旅）

ISBN 978-986-360-224-8（平裝）

1. 人文地理 2. 歷史性建築 3. 上海市

672.094 113003245

繁花上海：洋樓的輝煌與滄桑

（原書名：上海洋樓滄桑）

出版 ── 立緒文化事業有限公司（於中華民國 84 年元月由郝碧蓮、鍾惠民創辦）
作者 ── 宋路霞
攝影者 ── 陸輝、宋路平

發行人 ── 郝碧蓮
顧問 ── 鍾惠民

地址 ── 新北市新店區中央六街 62 號 1 樓
電話 ── (02) 2219-2173
傳真 ── (02) 2219-4998
E-mail Address ── service@ncp.com.tw
劃撥帳號 ── 1839142-0 號 立緒文化事業有限公司帳戶
行政院新聞局局版臺業字第 6426 號

總經銷 ── 大和書報圖書股份有限公司
電話 ── (02) 8990-2588
傳真 ── (02) 2290-1658
地址 ── 新北市新莊區五工五路 2 號
排版 ── 浩瀚電腦排版股份有限公司
印刷 ── 尖端數位印刷股份有限公司

法律顧問 ── 敦旭法律事務所吳展旭律師

分類號碼 ──672.094
ISBN── 978-986-360-224-8
出版日期 ── 中華民國 92 年 5 月～ 94 年 1 月初版 一～二刷（1 ～ 4,500）
中華民國 113 年 4 月二版 一刷（1 ～ 1,000）

定價◎ 450 元（平裝）

年度好書在立緒

文化與抵抗
● 2004年聯合報讀書人最佳書獎

威瑪文化
● 2003年聯合報讀書人最佳書獎

在文學徬徨的年代
● 2002年中央日報十大好書獎

上癮五百年
● 2002年中央日報十大好書獎

遮蔽的伊斯蘭
● 2002年聯合報讀書人最佳書獎
● News98張大春泡新聞2002年好書推薦

弗洛依德傳
（弗洛依德傳共三冊）
● 2002年聯合報讀書人最佳書獎

以撒．柏林傳
● 2001年中央日報十大好書獎

宗教經驗之種種
● 2001年博客來網路書店年度十大選書

文化與帝國主義
● 2001年聯合報讀書人最佳書獎

鄉關何處
● 2000年聯合報讀書人最佳書獎
● 2000年中央日報十大好書獎

東方主義
● 1999年聯合報讀書人最佳書獎

航向愛爾蘭
● 1999年聯合報讀書人最佳書獎
● 1999年中央日報十大好書獎

深河(第二版)
● 1999年中國時報開卷十大好書獎

田野圖像
● 1999年聯合報讀書人最佳書獎
● 1999年中央日報十大好書獎

西方正典(全二冊)
● 1998年聯合報讀書人最佳書獎

神話的力量
● 1995年聯合報讀書人最佳書獎

愛戀智慧　閱讀大師

立緒文化事業有限公司　收

新北市 2 3 1

新店區中央六街62號一樓

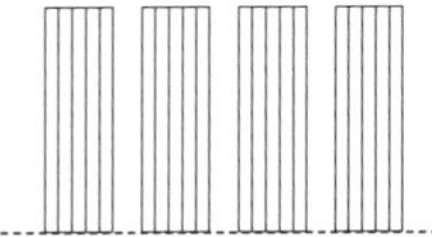

請沿虛線摺下裝訂，謝謝！

感謝您購買立緒文化的書籍

為提供讀者更好的服務，現在填妥各項資訊，寄回閱讀卡（免貼郵票），或者歡迎上網http://www.facebook.com/ncp231即可收到最新書訊及不定期優惠訊息。

姓　名：

地　址：□□□

電　話：(　　)　　　　傳　眞：(　　)

E-mail：

您購買的書名：________________

購書書店：________市（縣）________________書店

■您習慣以何種方式購書？

□逛書店 □劃撥郵購 □電話訂購 □傳真訂購 □銷售人員推薦
□團體訂購 □網路訂購 □讀書會 □演講活動 □其他________

■您從何處得知本書消息？

□書店 □報章雜誌 □廣播節目 □電視節目 □銷售人員推薦
□師友介紹 □廣告信函 □書訊 □網路 □其他________

■您的基本資料：

性別：□男 □女　婚姻：□已婚 □未婚　年齡：民國________年次

職業：□製造業 □銷售業 □金融業 □資訊業 □學生
□大眾傳播 □自由業 □服務業 □軍警 □公 □教 □家管
□其他________________

教育程度：□高中以下 □專科 □大學 □研究所及以上

建議事項：